吉原珠央 著
謝敏怡 譯

母湯喔！說話得罪人，你卻不知道

目錄 CONTENTS

第二章

越沒禮貌的人，越認為自己是對的

第三章 有禮貌的人打遍天下無敵手

前言

當個有禮貌的人

「這樣說話很沒禮貌！」「那個態度實在是……」「給人感覺很差」「這個人眞沒禮貌耶」「那個人說話眞是無情、冷漠」。

你有沒有遇過給你這種感覺的人呢？

失禮的言行會擾亂我們的情緒，帶來不必要的壓力。

明明想跟人好好相處，卻因爲他人的失禮言行，感到煩躁、憤怒或傷心，甚至因爲那樣而一整天悶悶不樂。

像這樣，有些人會注意到他人的失禮言行，也有些人以爲自己是一番好意，但對別人說出的話、採取的行爲，非常失禮卻渾然不知。

當別人對自己做出失禮的言行時，我們很容易就注意到，但反過來，自己對別人做出什麼失禮的言行舉止時，卻很難察覺。

當你感到疲憊時，聽見「你看起來很累耶」，像這樣只陳述外在負面印象的人，是眞的關心你、擔心你嗎？

如果你跟別人有重要的約定，對方遲到了卻只說：「哎呀，我遲到了！」你會覺得對方有努力想挽回你對他的信賴嗎？

把這些問題放著不管，身邊的人就會逐漸離你而去。這其實是件非常可怕的事。

言行舉止之所以失禮，其中一個原因就是，未能察覺自己帶給別人不舒服的感覺。但只要換個想法，或是自我訓練一下，就可以大大地獲得改善。

因此，本書將揭露「失禮言行」的眞面目，介紹實用的說話技巧和什麼是有禮貌的言行，讓別人更信賴你。

後面我也將跟各位說明，假如身邊有言行舉止失禮的人，該怎麼回應對方，可以減輕壓力並保護自己。

本書希望達成以下三個目的，歡迎你將書中所提供的實用方法，應用在自己或是重要的家人朋友、職場上的客戶同事身上。

1. **避免自己在無意識中做出失禮的言行舉止。**
2. **跟言行舉止失禮的人相處起來沒壓力。**
3. **成爲有禮貌、值得信賴的人。**

我的專業是溝通和表達，形象顧問的工作讓我接觸了各種不同年齡層與職業的人。

有些人了解什麼是失禮的言行，懂得如何深化人際關係的連結；也有些人品行佳且熱情，卻不爲大家所知；或是明明很聰明，卻因爲一句失禮的話而引來負評。

跟人相處時，想讓人確實感受到我們對對方的重視，就必須在言語和態度上下工夫。

閱讀本書後，相信大家一定可以明白失禮言行所帶來的負面影響，並確實學到什麼是「禮儀素養」，讓他人打從心底喜歡你，而不是自我滿足或是耍小聰明。

這裡的禮儀素養，指的是你所擁有的想像力和客觀性，以及具備接納對方的餘裕和瞬間的判斷力。

希望本書能幫助你獲得以上的能力。

受到書名吸引而拿起本書的人，我想本來就對溝通很有興趣、充滿好奇心。讓我們再更進一步地，一起思考什麼是「失禮的言行」。獲得「眞正的禮儀素養」這個超強能力，讓人際關係變得更加豐富美好！

第一章

你沒意識到的無禮言行

不要對別人說「你看起來很累」

你會對身邊的人，例如朋友或同事，不經意地說出「你看起來很累耶」「你看起來很憔悴」這種話嗎？說這些話時要多小心，尤其是對女性。

即使對方臉色蒼白、好像就要倒下去，身體明顯不舒服，也不是開口說「你看起來很累」的時候。這時你該說的是：「你坐下來休息一下比較好。」向對方伸出援手才對。

如果說「你的頭髮亂了」，對方馬上就能整理頭髮；但指出對方「你看起來很累」「你看起來很憔悴」，一點幫助也沒有。

而且，如果你一早就對人說：「你看起來很累耶。」讓對方一整天都在「原來我一臉疲倦啊……」的情緒中度過，反而會讓對方更累。

朋友曾告訴我不少實際發生的故事。

有位從事行政工作的二十多歲女性說：「工作上往來的業務對我說『妳好像比

上次見面的時候還累耶』，讓我很驚訝。」因爲那個時候她並沒有感到疲倦，卻因爲對方的一番話而沮喪，「原來我看起來一臉憔悴啊……」

另一位擔任業務的三十多歲女性則表示：「當公司的男同事對我說『妳看起來很憔悴』的時候，讓我覺得被冒犯，因爲那句話跟『妳看起來很蒼老』，是一樣的意思。」

四十多歲的男工程師跟我說：「我總是睡眠不足，一直坐在電腦前工作，因此當同事說『你看起來好像有點憔悴』時，雖然高興不起來，但有時會覺得自己是有人關心的，雖然也要看對象是誰。」

醫療從事人員的朋友也告訴我，曾有一位剛出院的七十多歲男性很憤慨地說：「被人說『你看起來很憔悴』，就跟『你看起來病懨懨的』一樣傷人。怎麼可以對人說『你看起來很憔悴』呢？」

任何人都會因爲「你看起來很憔悴」，而心情複雜、沮喪和受傷，所以說話必須多加謹慎。

如果有人對四十多歲的我說：「吉原小姐怎麼看起來有點憔悴啊？」我會這樣

聯想：憔悴＝沒精神＝沒元氣＝蒼老。

如果那時候的我越有精神，反而越容易感到沮喪，「咦，我明明很有精神，別人卻覺得我很憔悴！可能我看起來很蒼老吧……」

對於產生皺紋、皮膚鬆弛、脂肪和肌肉等外在因素容易發生改變的四十歲以上女性，應該很多人跟我有相同的感受吧？

我認爲**「你看起來很憔悴」「你看起來很累」，這些話一點價值也沒有，沒必要特地跟對方說**。

即使對方眞的看起來很疲倦，讓人擔心，也不需要用那種強化一臉憔悴印象的話，可以問問對方：「最近有沒有好好休息？」「你最近好像很忙，身體還好嗎？」「最近都還好嗎？」等，才是溫柔體貼的表現。

因爲對任何人來說，「你看起來很憔悴」「你看起來很累」這些話一點幫助都沒有。

對方看起來越憔悴，越需要可以溫柔地給予支持的人。希望我們都可以成爲這樣的人。

不要隨便對人說「你應該要多運動」

請想像一下這樣的畫面，你想消除疲勞、放鬆一下，所以去做了按摩。按摩結束時，幫你按摩的師傅跟你說：「你的肩膀和脖子很僵硬、很緊繃耶。腳也腫腫的，有水腫的現象。最好每天做伸展運動、適度運動一下喔。」

身體累不累，當事人最清楚。對別人說「你最好要○○」，只是讓人心煩而已。

其實我每天都會做點簡單的伸展運動，不先問我的情況，就全面否定我的努力，會讓人覺得你一點也不想了解我。

只要謹慎地詢問每個人的生活方式，深入了解，應該就可以大幅減少「你最好要○○」這種自以爲是的發言。

只要先詢問對方的生活習慣，就可以避免提供不必要的資訊和建議給對方。

「你一定要試試看這個！」提供對方眞正需要的資訊，這種建議才具有價値。

「肩膀或脖子僵硬，來按摩的都是缺乏運動的人」，在這種先入爲主的觀念下與客人相處，只會讓人覺得這個人懶得跟人溝通，下次根本不會想指定這位師傅。

「您平常有做些什麼來維持健康嗎？」「您喜歡運動嗎？」詢問客人的生活習慣之後，對比較注重健康、有在運動的人給予肯定，例如：「哇，這個習慣很棒耶」「您有這種觀念非常好耶」，當客人覺得自己備受肯定，就會更有幹勁，這樣也能贏得對方的信賴。

「你的肩膀跟脖子硬梆梆的」「最好多運動喔」等，這些話聽起來好像很擔心對方，但其實一點也不了解對方的心理狀態和生活實況，是缺乏建設性的建議。

「你變瘦了嗎？」「你變胖了喔？」大家都知道這樣問人很失禮，而且就算是家人，彼此也應該多留意表達關心的方式。

我懷孕的時候，曾被不期而遇的朋友說：「哇，妳變好大隻耶！」「臉也變得好圓喔！」

我很清楚對方沒有惡意，說的也是實話，但正因爲是實話（當時比現在胖十六公斤），才讓那個時候的我很受傷。

當時的我，因爲害喜嚴重，連日身心不適，即使對方委婉地說「妳變胖了」，我也完全沒有笑著回應的餘裕。

懷孕期間，女性可能因爲荷爾蒙失調而身體不適、情緒起伏大。所以我跟孕婦聊天時，都只會說「妳的肚子變大了耶」，把焦點放在肚子上。有些孕婦則是因爲害喜沒有食欲，看起來反而變瘦了。

「妳變瘦了耶！」「妳瘦巴巴的，還好嗎？」「爲了寶寶，妳要多吃一點啊」，這些話都會對當事人帶來很大的壓力。

除非是百分之百的正面肯定，否則應該沒必要對他人外表的變化多做評論。

你也試著自己整理看看，有哪些針對人外貌的話是沒必要說的。

如果擔心對方，想爲對方做些什麼，不須說多餘的話，找出自己可以做的事，然後付諸行動，才是成熟大人應有的作爲。

「好可憐」是一種上對下的態度

有些人會對當事人或其家人發生的事情，想都不想就說「好可憐」。

比方說，聽對方說：「之前我的姪女考高中，沒考上第一志願……」就脫口而出「是喔，眞可憐」。

「好可憐」這句話，很容易被人解讀成，隱藏著「沒考上高中第一志願的人生眞是太悽慘了」的想法。

即使沒有其他意思，「好可憐」這種話，是擅自在對方的未來印上「很遺憾的，你現在非常悲慘不幸」的烙印，我常覺得這眞是多管閒事。

對於沒考上高中第一志願的事實，聽者沒有資格說三道四，沒立場去評斷別人可不可憐、悲不悲慘。

「好可憐」這句話，不會帶給人同感、陪伴對方的溫暖感覺。

動不動就說別人「好可憐」，片面地評斷他人不幸的人，只會讓人覺得你一副

「憐憫他人的我是多麼溫暖體貼啊」的樣子，很自以爲是而已。

我過去也曾經被人說過「好可憐」。

我在二十幾歲時，從任職四年左右的公司離職，尋找下一份工作的時候，一位年紀比我小的女性對我說：「珠央一直找不到工作，也還沒結婚，總覺得妳好辛苦，好可憐喔。」

她那番話讓我很不舒服，我到現在都還記得。

從她的角度來看，我可能是個運氣很差、沒錢又沒姻緣的悲慘女人吧。

雖然我知道不必管別人怎麼想，但最讓我吃驚的是，原來她是一個講話絲毫不考慮、不在乎別人感受，想到什麼就說什麼的人。

被別人那樣說雖然有點難過，但多虧了她，讓我察覺到一件事情。

那就是，我跟那種認爲「在人生路上遇到不如意的事而沮喪的人很可憐」的人，絕對合不來。

雖然，「好可憐」有可能是想對別人經歷的低潮，表達感同身受，但是對那種會對工作或他人提出「有工作的人才是幸福的」「沒有工作的人好可憐」「結不了婚的人真悲慘」這類膚淺評論的人，不僅無法深交，也沒辦法輕鬆自在地相處，久而久之緣分自然就會斷了。

向別人訴說辛酸事，對方卻隨便回覆「好可憐」，沒有人開心得起來。要知道，**會說「好可憐」這句話的人，同時也有自我滿足的**一面。

希望我們在聽到他人心酸難過事的時候，都能夠真誠地感同身受，說出溫暖的話，例如：「那真的很遺憾」「你當時很辛苦吧」「你一定很難過吧」等。

這個時候，如果語氣堅定，再加點抑揚頓挫，可以更貼切地表達你的心情。

但如果是針對同事或朋友的小孩感冒或受傷，評論道：「○○一直咳個不停，真可憐。希望他在考試前早日康復。」「○○手指受傷，沒辦法在學校的泳池游泳真可憐，好在現在手指已經好了，太好了。」當對方是第三方、又是小孩時，「好可憐」聽起來就沒那麼奇怪。

如果不知道這句話說出口好不好，就思考在這個情況下，如果別人對我這樣說，我會怎麼想。

當有人罹患疾病或受重傷時，我們理所當然要避免不經思考就說出「好可憐」。

你的話語具有溫暖的力量，能夠撫慰人心，幫助他人繼續往前走。
讓我們每天把這些溫暖的話，獻給重要的人吧！

「話太多」反而錯更多

你有沒有遇過聊天時，當你一問：「你覺得怎麼樣？」對方就像是水壩潰堤般，不斷講自己事情的人？

這種人通常都是誤以爲：對方問我問題＝對方想知道我的事。

會問「你覺得怎麼樣」，當然多少也是想知道「你」的看法，但是有多少人會像這樣感謝對方點名自己呢？——「對方可能沒那麼有興趣，卻親切地問我意見」「這個問題應該是爲了讓我有說話的機會」。

我認爲無論是工作還是私生活，能夠謙虛地接受「別人問我問題，是因爲親切體貼」，回答問題時通常也比較有內容。

「○○應該知道很多，請說說你的想法！」雖然我很明白被人這樣說很光榮，「沒問題，交給我！」整個人會喜上眉梢，想好好暢談一番。

但是當話講不停，別人聽久了也會感到疲乏。

話說太多，會給人「這個人只想著自己」的印象，對你來說一點好處也沒有。這個時候，讓我們換個角度，站在聽別人說話的一方，感受一下那是什麼感覺。方法很簡單，請你也試試看。

【用心傾聽對方的方法】

- 輕閉嘴唇，嘴角上揚兩公分。
- 頭和背打直。
- 維持這個姿勢十秒鐘。

站在聽人說話的立場時，即使只有十秒鐘，也會讓人不禁覺得「還沒講完嗎？」時間變得漫長。

我的意思不是說要在十秒鐘以內回答各種問題或說明。

但只要了解到，傾聽別人說話時，聽者心理和生理都會感受到壓力，就可以避免成爲失禮的人，往說話好懂沒壓力的路邁進。

如果時間充裕，或對方是客人，你站在必須仔細傾聽的立場可能還好，但話聽久了還是會累。

請回想一下，剛才體驗的十秒鐘用心傾聽的過程，你在對話過程中必須花費多少心思，以及背部和臉部肌肉的緊張感覺。

順帶一提，把十秒鐘的話化為文字，大約是四十個字，一般認為這樣的說話速度聽起來最舒服。

十秒鐘四十個字，是從新聞主播播報新聞，一分鐘新聞稿大約讀兩百四十個字左右計算出來的。

前面的段落，從「說話速度」到「兩百四十」大約剛好是四十個字。

另外，講完四十個字，打上句號，結束一段話，可以讓你說的話更好理解。

長舌、讓聽者感到疲憊的人，說話都沒有句號，「關於份量啊，希望大家都能知道這個重要性，對我來說……」像這樣，整串話只有逗號，沒有句號，說起話來永無止境。

我們大腦的短期記憶，一般來說只記得住五到九個文字或數字。你可以想想看，自己講話時包含了多少個資訊量。

以剛才說明的段落爲例，例如「新聞主播播報新聞」「一分鐘新聞稿」「大約讀兩百四十個字左右」「計算出來的」，只要計算說話內容的資訊量便可以明白。

就像這樣，我們是從容易記憶的資訊量來思考說話內容的構成。

我雖然不會每次都詳細計算秒數，但是在跟人說話時，會盡量以資訊量簡潔爲原則。

但「十秒」「四十個字」「現在我說了幾個資訊？」，有時思考太多，反而容易忽略說話的內容和對方的感受而本末倒置。

所以我建議，資訊的長短只要抓個大概就好。

你也可以把自己說的話寫成文字，或是錄音重新聽一次等當作練習，試著磨練客觀的觀察力。

我從二十多歲便成爲自由工作者，在大學擔任非專任教師，到不同行業的公司進行演講、培訓、顧問諮詢等，因此總是以「分鐘」爲單位來思考得到的酬勞。

比方說，當工作延長五分鐘，那五分鐘可以得到多少報酬？

接著我會去思考，對方會不會因爲時間延長，使原本預定可運用的時間短少？會不會因此必須更改行程安排？必須拜託其他人而感到壓力？

延長時間，不只是花到自己的時間，也對願意花時間留下來聽我說話的人感到有責任。

從這個角度來看可以發現，我們經常因爲那些「話有點太多」的人，而失去各種東西、必須花時間調整安排、消耗時間和精力。

當別人把話題轉到你身上，或是問你問題時，先試著向對方表達「感謝」；接著多花點心思，留意說話內容的長短，讓所說的內容好理解。

只要養成這個習慣，絕對可以大幅改善你的說話方式。

即使你很有興趣，也不要講個不停

這是我到某間公司開會，在綜合商辦一樓大廳等候時發生的事。

在等候的座位旁，有三個人在開會討論事情。

其中一人問道：「吉田先生（提問者的交易對象），你的筆記非常好懂耶！你用了什麼特別的方法嗎？」

結果被問的那一方（也就是吉田本人），開始滔滔不絕，從做筆記的方式、選筆記本的要點，到過去的案例等，說了一分鐘以上。

吉田沒有向稱讚自己的對方說：「謝謝，你這樣說我很開心。」從頭到尾只顧著說自己，講完還一副很滿足的樣子。

不僅如此，眼神還散發出「你可以再問我喔」的氣息，等著對方再提問，完全沒有想把對話的球丟回去的意思。

不久之後，其中一位聽者突然說：「那之後就麻煩您了。」唐突地結束了對話。

感覺這三個人，是兩間關係相當好的公司聯絡窗口。

但正因爲關係良好，更應該懂得禮儀，不要自己一個人滔滔不絕，才能強化彼此的關係，不是嗎？

因爲正在興頭上而滔滔不絕說個不停，雖然不至於造成「現在馬上就取消合約」這類悲劇，但別人可能會覺得「這個人容易一時沖昏頭，讓人擔心」「這個人話太多，感覺警戒心不太夠」等，越是重要的案子，越是不敢委託。

別人對自己做筆記的方式感興趣，當然會覺得開心。

針對筆記方法提問的人，不只觀察力敏銳、興趣廣泛，而且也是個體貼、知道怎麼說話討對方歡心的人。

在剛才的例子，吉田針對問題，從頭到尾只談了自己就結束，枉費了「你的筆記眞是太棒了！」的體貼讚美。

聊天時，當對方沒什麼反應，本來就應該要察覺對方傳遞的訊息——話有夠多的，拜託不要再說了。

當別人誇獎你，或是把話題轉到你身上問問題時，如果可以察覺到，回答問題講超過一分鐘是件失禮的事，周遭對你的評價就會有一百八十度的大轉變。

面對別人的讚美，越是洋洋得意說個不停，離謙虛就越來越遠。

在剛才的例子，如果換個方式：「哇，謝謝您的誇獎！我是用自己的方法做筆記，爲了回頭讀的時候可以馬上理解，所以在筆記的地方也下了點工夫。沒想到您注意到了，觀察力果眞敏銳。您做筆記時，如果有什麼特殊的方法，也請您分享！」像這樣，針對「做筆記的方法」彼此交換資訊，讓每個人都有說話的機會，大家聊起來比較愉快，氣氛也會更好不是嗎？

適當地控制想說話的欲望，爲他人創造說話的機會，或是把說話機會讓給他人，這種人才能夠獲得別人的信賴，對方才會覺得你很可靠。

身爲組織的領導者或是老師，這種他人經常聆聽自己說話的人，在回答別人的問題時，應該要多思考以下問題：「對方問這個問題的目的是什麼？」「應該要傳遞多少訊息才夠？」「對方有多少時間聽我說話？」

被問問題≠回答問題，讓我們把這樣的流程固定下來吧：**被問問題＝感謝＋回答問題＋提問或提案，把對方拉進話題**。

文章越長，緣分越短

前面提到，即使很有興趣也不要講個不停，電子郵件也是同樣的道理。

說起來有點不好意思，在我還是二十多歲時，曾經在工作上，自以爲是地回覆了一封長篇大論的郵件，而摔了一跤。

有一次，工作上碰巧認識了一位派遣企業培訓講師的董事，他寫了封簡短的郵件給我：「請問吉原小姐能提供什麼樣的服務呢？」

我針對自己的經歷和技能專長，寫了大約本書兩頁左右的字數，回了一封落落長的郵件，當時我覺得很滿意。

然而，在那之後，過了一個星期，過了一個月，對方一直沒有回信給我。

等到我發覺整篇郵件都在宣傳自己，長篇大論的電子郵件散發出「這個人只關心自己」的氛圍，對方感到很失望時，已經爲時已晚。我不僅失去了工作機會，連跟對方的緣分也沒了。

對方發了洽詢的郵件過來，照理講，我回信之後，至少會收到簡短的回覆才對，對方卻完全沒回覆。但是也因爲這樣，讓我察覺到自己發了一封失禮的郵件，所以很感謝對方給了我學習的機會。

當時，對方只是問我問題而已，我卻誤以爲那位董事想委託工作給我，而得意忘形。

對方對我感興趣，但我在郵件裡卻完全沒有表達任何謝意。

也就是說，我長篇大論的郵件，暴露了我提案力及客觀性的缺乏。

那次的經驗讓我學習到，面對別人的問題時，必須從理解問題的本質出發：對方只想知道必要的資訊，資訊越簡單越好。

如果別人問你問題，你就沾沾自喜地在郵件上洋洋灑灑寫了一堆跟自己有關的事情，很有可能會跟當時的我一樣，因此失去寶貴的機會或經驗。

所以，回答問題時，先簡單扼要地告訴對方結論，一語道破，點出要旨。

點出結論之後，整理重點（重點不要寫太長，在適當的地方劃下句點）；接著提出對方感興趣的提案或話題，以此爲段落的核心；一個段落約三到四行，將整體文章長度控制在八到十五行以內，就會是一封簡單又好懂的郵件內容了。

以我剛才的例子來說，當別人詢問問題，而那個問題可能帶來工作機會時，針對對方的期望，條列式地寫下自己能提供的服務，絕對會比在郵件裡長篇大論自己的經歷要來得好懂。

針對經歷，只要把過往的履歷簡單地整理成一頁「簡歷」，當作郵件的附加檔案，然後在郵件本文貼上官方網站的連結，附註「我也有官方網站，歡迎您有時間時上去瀏覽」，對方就可以在方便的時候自行查看。

補充資訊太多，也可能會造成對方的負擔，要多注意資訊量的多寡。

主動積極和展現熱情很重要，但郵件內容未必越長越好。

你的郵件能否站在對方的角度思考，以親切有禮貌的口吻傳達必要資訊，是決定你跟對方的緣分能否繼續的關鍵。

自我宣傳當然是必要的，但是從對方的角度來看，在郵件內文中加入下面的句子，應該可以傳達感謝的心情，以及對有緣相識的重視。

「像您如此經驗豐富的人，竟然對敝司所提供的服務感興趣，我們備感光榮。」「上述說明提供您參考，希望有機會能爲忙碌且活躍的○○提供服務，有任何問題歡迎隨時聯絡。」「待與您詳談工作內容及今後計畫之後，可能會再另外提案給您，我再跟您聯絡，還請多指教。」

好的郵件應該具備易讀性以及感謝與敬意。

爲了與想建立關係的人結緣，站在對方的立場思考，你的文章應該越簡單越好！

不對勁的感覺，就是沒禮貌

在這一個星期，有沒有誰的言行舉止讓你覺得眞沒禮貌、令人失望的呢？我隨便想就可以想到好幾個。

- 買東西結完帳的時候，店員瞧都不瞧我一眼，單手把信用卡還給我。
- 從上車到下車，計程車司機只對我說了一句「兩百四十元」。
- 在載滿人的電梯，我幫大家按「開門」鈕到最後，卻沒有任何一個人跟我說謝謝。
- 在網路上看到不認識的人留言說：「多虧了新冠病毒，讓商店變得好寬敞，眞棒！」讓人覺得不可思議。

這樣看下來，大家可能會覺得我很小家子氣，而且是個希望付出要有回報的人。

某種程度上並沒有錯（笑）。

我知道自己的度量很小，別人覺得我「斤斤計較」，我也不在乎。

但並不是說度量小很好。我想表達的重點在於，當你不幸遇到把沒禮貌的言行當作是一種習慣的人時，該怎麼做才能冷靜地面對那個不對勁的感覺。

剛才舉的例子，有些人可能不會注意到畫線的地方，或是覺得沒什麼，都只是一些「雞毛蒜皮」的小事。

計程車司機有可能只是剛好心情不好，現在回想起來，根本就是不足掛齒的小事，我連對方的臉和聲音都忘得一乾二淨了。

但是，那些因爲別人的言行舉止所帶來的「不對勁」，卻有可能一直掛在心上，久久不散。

對染病而失去性命或是療養中的病患、因爲疫情而失去工作的人來說，在對抗疫情艱辛的局面，說出「多虧了新冠病毒」的人，實在沒良心可言。

我認爲，像我這種平時就對周遭言行舉止敏感的人，不只是在意細節、或感到焦躁不安，而是能藉此自我反省，審視自己是不是也對其他人做出了類似的失禮行爲。

仔細思考當別人對自己做出沒禮貌的事情時，該如何應對，也可以帶來這樣的好處：不被焦躁或是憤怒的情緒牽著鼻子走，「只要這樣想就行了」，能夠冷靜地面對他人和社會。

如此一來，無論是工作還是私生活都能過得愉快，當別人做出失禮的言行舉止時，也不會被起伏的情緒擾亂心情，得以擁有強健的心理素質。

這種「不對勁的感覺」，就是與人相處時，感受到的不舒服和焦躁感。

如果別人對你說了什麼或是做了什麼，讓你開始思考「那樣做不太對吧？」「這樣好嗎？」「對方那樣做，好像傷害到我了。」「這樣很好玩嗎？」「我要裝作沒聽到嗎？」的時候，就是不對勁的感覺。

【生活實例】

- 在家庭式餐廳，點餐時只說「和風漢堡排」的人

不對勁的地方：爲什麼最後不加一句「麻煩你了」或是「謝謝」呢？

● 點完餐，等了二十多分鐘才送上餐點，店員面無表情地說了句「您的餐點都到齊了」就離開時，客人心想「打工仔的素質就是這麼低」。

不對勁的地方：爲什麼店員不說句「抱歉讓您久等了」，道個歉呢？也許是店員不懂禮儀，又或者只是那個人的態度有問題，客人卻以偏概全地認爲所有打工的人「素質都很差」，這樣的想法不太對。

● 人行道寬廣，所以並排慢行，卻沒有察覺到後面有行人，擋到了別人的路。

不對勁的地方：跟旁邊的人說話時，明明眼角餘光看得到走在後面的人，爲什麼不願意說聲「啊，不好意思」，把路讓給別人呢？明明只要一個小小的舉動，就可以讓雙方有好心情。

連基本的禮貌，「請」「謝謝」「對不起」都不說的人，只要碰到點小事，就會以偏概全地認爲「○○的人就是素質低劣」，我認爲這種人才是眞的有問題。

你出去玩，帶了伴手禮給朋友，如果問朋友：「昨天給你的土產還合胃口嗎？」朋友回你：「啊，我忘了。」你是不是會覺得有點不開心呢？

雖然可能眞的只是忘記，但如果換個說法：「啊，不好意思！我想說要好好品嘗，今天準備來好好地享受一下，我吃了之後再跟你分享心得喔！」聽到人家這樣說，應該會很高興吧。

我相信，在團體生活的社會中，一定有人爲了不讓別人（包含家人）有不舒服的感覺，而努力忍耐。

雖然接納別人，不情緒化，對他人越寬容越有智慧；但是像我這樣，越想忽視「不對勁的感覺」，越容易在意得不得了。

如果對不對勁的感覺有所認知，感到「那個行爲很沒禮貌」，可以從客觀的角度去觀察，冷靜面對，把對方失禮的行爲當作笑話，笑笑就算了。

對方的「沒禮貌」，是磨練自己的機會

這是我跟一位朋友聊天時發生的事情，那位朋友是美妝保養品的老客戶。

聊天時，剛好另一位女性突然說：「爲什麼大家都喜歡一窩蜂地去做美妝保養品的生意？有這麼好賺嗎？」

如果我還是二十多歲，無法立即判斷他人言行失禮與否的話，恐怕會對那位女性說的話感到憤怒：「這個人講話怎麼這樣！太沒禮貌了吧！」而避著不跟她說話。

她所說的「大家」跟「都喜歡」的定義模糊不清，其實根本不需要認眞看待。

而且「一窩蜂地」這個詞包含了不經思考的意涵，對不認識的人隨便做出批評，這位女性的品行恐怕也很有問題。

我對她說的話不否定也不肯定，只回一句：「賺到錢的人一定非常努力，我們公司還要多加油。」她「嗯」了一聲，就不說話了。我的朋友很機靈，之後換了個話題繼續聊。

多虧了朋友，讓聊天的氣氛從「爲什麼大家都喜歡一窩蜂地～」所帶來的不對勁，回到正常狀態。

當你遇到讓你不舒服的人，有可能只是剛好對方當下的言行讓你留下深刻的印象而已，其實不需要只因爲一次不對勁的感覺，就認爲對方討人厭或是不想跟他來往。

這裡應該關注的地方在於你感受到的不舒服感覺，而不是讓你感到不舒服的人。

不對生活中感受到的「不對勁」視而不見，找出背後的原因，然後「我只要對我的價值觀有信心就好」，以此作爲原則行動，就是理想的處事態度。

遇到不對勁的事情時，不用硬是假笑；也無須因爲不知道該如何反應，而驚慌失措；更不需要反應過度而情緒化。

好好地面對不對勁的感覺，把別人的失禮行爲，當作是磨練自己的機會。

面對失禮的人，這樣保護自己

「這個人很沒禮貌」「這個人的發言很有問題」「這想法也太偏激了」，只要你知道什麼是不對勁的感覺，腦袋就可以做出「這個人的想法跟我不同」的判斷，能夠以平常心面對別人失禮的行爲。

因此，我建議事先列出「不對勁確認清單」，幫助自己判斷那個不對勁的感覺。我的確認清單像這樣。

【判斷他人失禮與否的不對勁確認清單】

- 被誰？受到什麼樣的傷害？
- 感受到敵意的具體內容？
- 是否感受到對方的敬意？
- 這件事情能夠有自信地說給別人聽嗎？

●心情愉快嗎？

如果都把問題往自己身上攬，「不對不對，他人並不壞」「這次可能只是剛好遇到」「是不是我太脆弱了？」「還是我心胸太狹窄了呢？」，可能會忽略掉自己真實的心情，以及對方的本質。

因此我建議，養成當你覺得對方的言行不太對勁時，就馬上判斷的習慣，「他那樣說的確傷害到我」「那樣的態度，對某某人很沒禮貌」等。

只要找出不對勁的感覺，就可以守住你所重視的價值觀；而且跟對方來往時，保持一定的距離，也可以減輕壓力。

「這個人很沒禮貌，但很有創意，工作上來往時小心點就沒問題。」「這個人不承認自己的錯誤，死也不願意道歉，但只要一提出需求，就願意幫忙。」像這樣，清楚掌握他人對自己造成的壓力原因以及對方的優點，便能夠持續與人來往。

如果是私生活的人際關係，跟說起話來充滿不對勁的人斷絕關係，也許沒差；但如果是職場的人際關係，恐怕沒辦法說斷就斷。

失禮的言行未必「只是碰巧」，不可否認的，失禮的言行有更多時候，暴露了一個人品行和想法的一部分。

所以，好好地處理並面對別人帶給自己的不對勁感，這麼做才是內心平靜過日子的祕訣，不是嗎？

我們只要稍微改變想法，跟別人聊起天來不但沒壓力，也不必掩飾眞實的自我，與他人相處起來會更自在愉快。

相親時，不要「做自己」

大約是十年前左右，我一個培訓講師的朋友，當時大約三十多歲，有同業前輩介紹她說：「我認識一個很不錯的男生，妳要不要跟他見面看看。」她便跟那位男性交換了自介信。

她拿到對方的自介信後，便來找我商量。

「我對結婚對象的理想不高，一點也不好高騖遠，但看了這封自介信後，讓我莫名地非常難過。」她說完，便把男性親筆寫的自介信和照片拿給我看。前輩介紹給她的男性四十多歲。

這裡補充一下，我這位朋友溝通能力極佳，開朗又謙虛，是個細心體貼的人，跟她說話非常輕鬆自在，同樣身爲女性的我，也覺得她充滿魅力。

她打扮簡約、生活單純，而且很獨立自主，一點也不介意男方收入多寡，是個腳踏實地的女性，但是她的相親對象卻……

自介信首先印入眼簾的是信封和信紙上看似油垢的髒污，以及文中好幾處明顯寫錯又重寫的地方。

繼續讀下去發現，先不管字寫得好還是不好，潦草的字跡似乎顯得這個人很隨便。內容才短短幾行，卻讓人看不懂，文筆簡直慘不忍睹。

再來是本人的照片。

照片的背景是滿是髒污、破舊的拉門（我這樣講可能有點太過分，但拉門非常殘破），男性沒有絲毫笑容，穿著鬆垮垮的T恤，頂著一頭亂翹、雜亂的頭髮，照片看起來是隨手拍的。

最後，我朋友跟介紹她那位男性的前輩慎重道歉，很有禮貌地以「我目前沒有自信談遠距離戀愛」為理由，取消了相親。

聽說前輩很生氣，大罵：「妳也太沒禮貌了。妳都已經三十多歲了，理想這麼高，會結不了婚的喔。」

身為介紹人，拿到那沾著油垢和髒污的信封時，難道一點都不覺得奇怪嗎？

如果對方是個非常有內涵的人，前輩應該要給那位男性具體的建議，教他怎麼寫自介信、怎麼拍照，讓別人了解他是怎樣的人。

對方可能是率眞、不做作的男性，想讓人看到眞實的自己。但是身爲已經出社會的人，如果就連給認眞思考是否要做終身伴侶的對象寫自介信，要用乾淨的信封和信紙這種基本禮節都做不到，絕對會給人留下不好的印象。

「我這個人就是這樣，只能請對方接受」「我不想勉強自己」等想法，表示這個人根本沒有做好跟別人生活在同一個屋簷下、建立家庭的心理準備，或是一點也不想努力。

當然不用把照片修成另一個人的樣子，也不用請人代筆，不需要爲了讓自己外在看起來很好而說謊。

如果眞的希望別人了解自己，至少要花點工夫和努力，讓外表看起來清爽有精神，吸引別人想跟你見面聊天。

最少要做到這種程度，例如：如果信封和信紙髒了，就買新的重寫；穿上沒有皺紋的襯衫；整理頭髮；拍張面帶微笑的照片。

在晴空下拍照，而不是刻意選在老舊的拉門前拍，不需要花大錢和工夫，只要做到上述這些簡單的事情就可以了。

自介信只要利用小學時學過的作文技巧，思考文章架構，打草稿，然後騰稿，就能寫出給人好印象的文章了吧。

說這種話可能有點冒昧，但是認爲世上一定有人願意接受「眞實的我」，有這種想法的人是不是有點太天眞了呢？

或許有些人的個性眞的比較「做自己＝大剌剌」，但是在相親或是求職面試等影響人生的重要場合，「做自己」容易被人認爲，完全不會爲了配合對方而努力。

這世界上，說不定眞的有女性看了剛才那位男性的自介信和照片，覺得「很想跟這個人見面看看」。

但那位男性所展現出來的眞實樣貌，恐怕很難爲他贏得與女性見面的機會吧。

所以，我們應該要把「做自己」，定義爲「將現在的自己，以最得體的樣貌示人」比較恰當。

唯有誠摯地接納對方的想法和需求，試圖理解，別人才會想要了解你，並得以在各種場合獲得他人的青睞。

別人說的話，總之先全部聽進去

假設在工作和私交都很重要的人跟你說：「放假的時候，我帶祖母去溫泉旅行了。」

你會怎麼反應呢？

「哇，溫泉很不錯耶」「冬天泡溫泉，好羨慕啊」「你們去哪個溫泉呢？」，相信大部分的人都會這樣反應。

但這裡希望大家把焦點放在「跟祖母去」這個地方。

大多時候，我們都是以「公開的資訊＝希望別人產生興趣的資訊」為判斷基礎，然後將個別的資訊置換成言語傳達出去。

也就是說，刻意說出口的東西，多少包含了下述期望：希望對方接納的資訊，亦即希望對方知道、希望對方在意、引起對方的興趣、希望對方深究、希望對方擔心、想跟對方多說點話。

假設有人問一位女性：「○○，好久不見，妳先生最近好嗎？」她回答：「託您的福，他很好，每天都很辛勤工作，雖然不太管家裡的事情就是了。」

「他很好」這回答的背後，可能隱藏著「他都不管家裡的事情，讓我累積了很多壓力」這樣的真心話。

這個時候，不要只回說：「這樣啊……妳一定很辛苦。」如果可以回應：「家裡的大小事都是妳一個人在做啊，太厲害了！」對方應該會覺得「有人懂我」，心情多少舒坦許多。

這裡再看一個例子，假設你偶然遇到某人，你問他：「你最近忙嗎？」對方回說：「託您的福我很好，上禮拜剛去九州出差。」對方不是只說「出差」，而是刻意點出了「九州」，這裡可能潛藏著希望別人針對九州「多問些什麼」的想法。

這個時候，如果你再繼續問：「這樣啊，出差辛苦了。出差可能沒什麼休息時間，但你在九州有沒有吃了什麼好吃的呢？」對方應該會很樂意地回答。

尤其是當對方提到人名或地名時，觀察力敏銳且善於傾聽的人，會判斷哪些資訊具有濃厚的情感或是特殊性，並更進一步地往下挖掘。

回到前面最一開始的例子，相對於只對「溫泉」兩個字產生反應，如果能談到對方和祖母之間的關係，「跟祖母一起旅行，很棒耶」「你跟祖母的感情眞好！你一定是很棒的孫子。祖母一定很開心吧」等，對方應該會覺得很高興。

當對方在談話中具體提到了人物、地名和心境時，我會繼續往下挖掘，然後針對對方的話，思考該怎麼反應，在腦中想像一個優先順序的回應排行榜後，依據對方調整回話內容的順序。

然後在適當的時間點，自然地把話題帶入對話中，例如：「你祖母住在你家附近嗎？」「你常去九州嗎？」

像這樣，依據對方說話的內容提問，可以讓人感受到你對他說的話很感興趣。

比方說，假設有人跟你說：「我上禮拜被家人傳染感冒，現在終於好了。」

如果腦中浮現「感冒一定很不舒服吧」，你一定是個溫柔的人。

但是從對方提供的資訊來看，回應時其實可以再多加點東西進去。

除了關心對方的身體狀況之外，還可以關心一下對方一開始感冒的家人。

例如，我們可以這樣回話：「感冒一定很不舒服吧。你家人也康復了嗎？你上禮拜也要照顧生病的家人，應該很累吧。你的食欲跟體力都恢復了嗎？剛生完病，今天還特地騰出時間給我，謝謝你。」

如果能夠從感冒對當事人造成的不適感，以及照顧家人的辛勞角度，講出體貼對方的話，對方對你的信賴感一定會大幅提升。

對於我無心的發言，對方一點一點地往下挖掘，溫暖地擔心我、關心我，會讓我覺得「這個人眞是溫柔體貼」「這個人眞是從容、有餘裕」，會想更進一步地了解對方。

當對方在開會途中咳了好幾次，如果當下能馬上關心：「你還好嗎？」已經非常體貼了，但如果能在對方離開時再多說一句：「希望你的咳嗽早點好，多保重身體喔。」可以讓人深刻地感受到你的洞察力和貼心。

覺得逐字檢視對方所說的話很麻煩、很辛苦的人，可能會覺得這個目標的難度頗高；但如果有強烈意志和目的，例如：「想跟這個人成爲好朋友」「想獲得這個人的信賴」「想跟這個人一起工作」等，我建議可以把焦點放在以下的關鍵字上。

【回應的關鍵字清單】

•人物

「祖母」「公司同事○○」「我朋友○○」「爸爸」等。

•具體場所（地名、店名等）

「到九州出差」「大阪名叫○○的大阪燒店」「位於橫濱ABC大樓的○○書店」等。

•具體時間

「今天必須在下午三點前回到公司」「星期六中午預約了牙醫」等。

•對方常說的字眼

「身體狀況不太好」「很忙」「有好事發生」「這是某某前輩給的意見」等。

靈活運用「回應的關鍵字清單」，不要讓思考只停留在感冒＝很難受，不斷往下探索，思考該怎麼回應最能夠貼近對方的情況和心境。

不需要阿諛奉承的表面工夫，只要用心傾聽，思考對方重要關鍵字的優先順序就可以了。

「想對這個人更有幫助」「希望能在這個人心中占有一席之地」，這樣的想法越強烈，你越能夠從對方的話中挖掘出更多東西，加深談話內容的深度。

如果你是店員，不要只會說「賣完了」

每說一句話就問一個問題，會打斷對方的談話。

如前一節「別人說的話，總之先全部聽進去」所提到，我建議活用回應的關鍵字清單，仔細聆聽對方的話，把値得注意的關鍵字記在腦海裡，在適當的時間點提問，深入挖掘。

最近我遇到一件事，讓我不禁心想「爲什麼對方沒接收到那個訊息呢」，爲此感到惋惜。

這是我到市中心一間咖啡店外帶三明治時看到的事。

我進入店裡時，有位小姐點著手機畫面，似乎想向店員說明什麼，用很快的速度滑著手機。

「外甥拜託我來買蛋糕……啊，有了有了，是法式千層酥！今天還有嗎？」那位小姐詢問店員。

結果，店員無動於衷，只淡淡地回了一句：「今天已經賣完了。」

如果你是店員，你會怎麼回應？

只要稍微想一想，就可以推測出那位小姐爲了討外甥高興，非常想買到外甥指定的「法式千層酥」。

這位小姐可能是因爲外甥受傷或生病，想買蛋糕去探病；也可能是什麼特別的日子，想買法式千層酥慶祝一下。

總而言之，這個客人爲了看到外甥的笑容，四處尋找法式千層酥，而來到了這間店。

她可能爲了買法式千層酥，特地坐電車或巴士，花費時間轉車前來。

就算事實並非如此，那位小姐其實就住在咖啡店的附近好了，但如果一點也不了解對方，對話時就必須設想對方處於艱辛的狀態，才不會做出失禮的言行。

只要這樣想像，就可以知道應該怎麼回應。

「很抱歉，外甥特別指定的蛋糕，今天已經賣完了。方便的話，可以請您告訴我，您外甥有沒有其他喜歡的蛋糕呢？」

這裡的重點在於，那位客人提到的「外甥」一詞。

如前面提到的，當我們想要說明什麼時，經常會在對話中提到「人名」。

當對方提供的資訊中提到重要的人名時，例如刻意在對話中帶到「您的外甥」，可以大幅縮短你與對方的距離。

「法式千層酥賣完了，怎麼辦？」如果當時的店員，在客人沮喪不知道該怎麼辦時，提出其他替代方案，想必可以讓對方感到安心。

這樣做，即使不是原本想要的法式千層酥，客人應該也很樂意購買其他的蛋糕不是嗎？

爲了想買的東西，特地來到店裡，店員卻冷淡地說「已經賣完了」「活動結束了」，我想大半的人會覺得「那就算了」，離開了吧。很可惜，那種接待客人的方式，稱不上是專業。

這裡讓我們用另一個例子再思考一下。

如果有客人說：「我買了你們家的銅鑼燒給住在養老院的母親吃，她好高興喔。」店家可以這樣回應：「哇，眞是太好了！謝謝。請代我問候您的母親，歡迎您再度光臨。」

相反的，如果店員只回了一句「是喔」，會讓人覺得對方根本沒用心聽人講話。

因此，我們首要注意的是，對方說話時提到的主詞和表達情緒的詞彙。

就跟在學校訓練英語聽力一樣，一定要抓住「疑問詞」，例如：What、Why、When、Where、Who。

只要抓住句中的疑問詞，就可以知道對方的問題是在問「人數」「幾天」，還是針對「地點」。

同樣的道理，想要靈活運用對方的話，就必須先掌握話語背後的資訊。

放鬆肩膀和臉部肌肉（試著轉動你的肩膀，張大嘴巴，發出「啊」的聲音），認眞傾聽對方所說的每一字每一句，爲自己贏得更多的信賴吧。

那些片面斷定、沒在聽人說話的人們

「總之，我也嘗過失戀的痛苦滋味，但正因爲有那樣的經驗，才有現在的我。所以你也打起精神吧。」

在某個戀愛電視劇出現這一幕，在大樓的屋頂上，公司的前輩跟因爲失戀而垂頭喪氣的晚輩，談他過去失戀的痛苦經驗之後，晚輩低聲回了一句「您說得對」。

看到這一幕，我只覺得前輩搶走晚輩的鋒頭。

在另一齣電視劇裡，也出現了老師向有許多煩惱、出現問題行爲，但是卻什麼都不肯說的高中生，大談自己過去的經驗談，「老師以前也經歷過很多問題喔。」

如果晚輩和學生很尊敬前輩和老師的話還好，若非如此，失戀的女性或是苦惱的高中生應該會想吐槽：「什麼嘛，結果你只是想講自己！」

「前輩是爲了我才講這些，多虧了前輩，讓我恢復精神。」「眞不愧是老師，經歷過這麼多事情。」不是所有人都能夠像這樣冷靜地、正面地思考事情。

我覺得**很多喜歡給人建議或說教的人，都誤以為只要自己開口，對方應該就會願意敞開心胸**。

如果我是那個失戀的女性，或是有各種煩惱的高中生，當我感到沮喪不已時，只講自己的人，只會讓我覺得這個人好自戀。

即使當下好像認同，但內心可能只覺得跟這個人多說無益。

臨床心理學家河合隼雄在他的著作中指出，我們之所以片面斷定他人，是因爲片面斷定很輕鬆簡單，讓人產生問題就這樣解決了的錯覺；而關於說教，河合則寫道，因爲說教可以爲說教的人，帶來精神上的滿足。

無論是工作還是私生活，我從河合隼雄的書得到很多鼓勵，也從書中學到與人相處的基本道理。

不傾聽，也沒做好面對對方沉默不語的心理準備，「總之我先說說自己的事情」「只要講自己的經驗，對方一定會很高興」，這種想法其實很自以爲是，而且是非常失禮的行爲。

當你跟對方訴苦時，從對方的回應，可以判斷這個人是否值得信賴。

以為這樣做是為對方好，越是滔滔不絕講自己的事情，別人越會覺得「真不該跟這個人講」，想跟你保持距離。

就算是擁有豐富經驗的人，滔滔不絕講自己的事，也沒辦法讓人敞開心胸。跟說話內容好壞無關，而是高談闊論的樣子讓人失望。

如果想幫重要的人解決問題，重點不在於自己口若懸河講得很開心；靜下心來傾聽，試著理解對方，才是真正為對方著想。

不要隨便把別人當成「夫妻」

我在二十多歲時，當過日本國內航空公司的空服員。

這是在我進公司結束培訓，開始執勤幾個月左右時發生的事情。客人因爲我的一句話，對我大發雷霆。

當時我拿著毛毯，正在巡視客艙（巡視機艙、服務乘客，並確認乘客的狀況）。

一位六十多歲的男性和一位女性乘客並排而坐，男性乘客跟我對到眼之後，便把手舉起來說「我要一條」，跟我要了一條毛毯，我便把毛毯拿給他，並說：「好的，請用。」

我接著向坐在旁邊的女性問道：「太太您需要嗎？」就在那時候，剛才跟我要毛毯的男性，用驚動周遭的音量，氣沖沖地大吼：「她不是我老婆！」

當下我還搞不清楚狀況，只能說「非常抱歉」，慌慌張張地低頭道歉，趕緊離開了現場。

我向前輩報告那件事情之後，前輩告訴我：「那位客人會這樣反應，可能有什麼我們不知道的緣故吧。不要把坐在一起的客人，擅自認定是夫妻或家人，要把每一位客人當作獨立個體來接待。」

結果到底是什麼踩到那位客人的地雷，依舊是個謎，但很明顯的，我那句「太太」是讓客人感到不愉快的原因。

那件事情讓我深刻體會到，**不要以自己的成見，判斷初次見面的人**。

「因爲這樣那樣，所以男生就是很隨便、很討厭」「A型的人就是神經質」「○○絕對是好人」等，有些人會像這樣，根據「表面」的資訊，用自己的偏見判斷事物。

即使擁有不同的價值觀，也不能毫無顧忌地在別人面前大發議論。

充滿成見的發言，只會讓自己看起來是個眼界狹小的人。

不分年齡、性別和國籍，每個人都有各自不同的特點。只要不做出「這樣的人都○○」的發言，就可以避免因成見而導致失言。

不要說自己的先生是「我家老爺」

在某媒體訪談語言學家金田一秀穗的報導中，有一段話讓我印象非常深刻。

金田一針對年輕人的流行用語和雙重敬語等現象表示：「那些用語不是『語言癌』，而是『變化』。」

他最後做了這樣的結論：用自己的話表達，比較能清楚傳達自己的想法給對方。我非常認同金田一的想法，也從他充滿彈性的思考方式學到了很多。

閱讀那篇文章，讓我再次認清了一件事：比起以用字遣詞的「正確與否」作爲判斷基準，溝通過程中，對方的表情、聲音、細心程度和說話內容，才眞正有意義。

但有時，的確會遇到用法不當的情況。

「我家老大，他說啊……」比起說話的內容，這個人說話的禮儀更讓人在意。

（正確的說法應該是「敝公司的社長表示……」）

我也曾看過很多人唸錯字，或是用錯諺語，例如，誤以爲「做人情，不爲人」

的意思是，不可以做人情給別人，因此認爲不可以寵壞下屬（其實這個諺語指的是，對別人親切，總有一天會回報到自己身上）。

這種有明顯對錯的敬語、唸法和用字遣詞，可以當作是在社會走跳的嗜好，有時間學起來就好。

但是聽起來會讓人覺得你這個人「不親切」「很粗魯」「很雙面人」的用字遣詞，盡早發現、早日改善不是很好嗎？

比方說，當你跟餐廳的店員說：「我點的咖啡還沒來耶。」店員回你：「眞假？」你會不會嚇一跳呢？

選擇讓別人聽起來舒服，符合彼此立場、對話目的、狀況和環境等用字遣詞，才是使用語言的正確方法。

除此之外，你也可以試著開口說說看，看哪個用字遣詞能清楚表達你的意思，有無不足、模糊不清的地方，或是有沒有讓人感覺粗魯、諂媚等不對勁的感覺，這是改善用字遣詞的大好機會。

舉例來說，會讓我感到不對勁的用字遣詞如下。

【讓人覺得不對勁的用字遣詞清單】

「（對客人說）這個超讚的耶」↓「哇，很適合您耶」

「靠！東西忘了……」↓「怎麼辦！東西忘了……」

「歐吉桑梗，超北爛！」↓「歐吉桑梗，太好笑了！」

「我家老爺」↓「我先生」

「我家黃臉婆」↓「我太太」

「那個臭老頭」↓「那位老爺爺」「高齡男性」「年長男性」

「已經是老太婆了」↓「已經上了年紀」

「我麻吉」↓「我的朋友」

「超麻煩」「有夠騙」↓「好麻煩」「聽起來很假」

「眞的假的!?」↓「是這樣喔!?」

「我想大便」↓「我想去一下洗手間」

「立馬走」↓「我馬上出發」

「你吃快點啦」↓「請動作快點」

「我逼工廠趕工了，沒問題」↓「我請工廠趕緊生產了，請放心」

「別人給的伴手禮，你要不要吃？」↓「別人送我伴手禮，您不嫌棄的話，要不要一起吃？」

「白癡也會操作的東西很棒」↓「操作簡單的東西很棒」

「我飽到快吐了」↓「我吃得好飽，肚皮彷彿要脹破了」

「這個甜點爆難吃」↓「這個有點不合我的胃口」「跟我想像的味道不太一樣」

「我夢到一個噁爛的夢」↓「我夢到一個毛骨悚然的惡夢」

「我家狗狗有夠蠢的」↓「我家狗狗是小傻瓜」

「這傢伙真有趣耶」↓「這個人真有趣耶」

「我們公司有打工仔跟契約工喔」↓「我們公司有計時人員跟約聘員工喔」

「靠，這個飯糰好大！」↓「這個飯糰好大啊！」

「很多老外」↓「很多外國人」

「不久前死掉的人……」↓「不久前因病過世的人……」

以上只是我個人的清單，不同年齡層和性別，一定有不同的感受，但是在那份清單當中，應該有好幾個不對勁的用字遣詞曾經在日常生活中出現過吧？

每當別人說出清單中的字眼時，我們不需要過度反應，也不要看不起別人。因爲對某些人來說，依據當時的情況和人際關係，選擇「靠邀，好吃得要命」「哭哭」這類用字遣詞，可以更貼切地表達心情。

另外，當有人說「我家的狗狗有夠蠢的，但是牠眞的好可愛」，這個「有夠蠢」很明顯是寵愛表現的反話，聽起來既不傷人也不粗魯。

但是，「那些契約工啊」「那些老外啊」「我逼工廠趕工了」「很噁爛」「死掉的人啊」等聽起來特別粗魯、看不起人的話，動不動就把死掛在嘴上的說話方式要特別注意。

遇到這種說話方式的人，我都會爲對方感到婉惜，並敬而遠之。

話語很容易顯露出一個人的本性。

會說「很噁爛」的人，他身邊的人可能大多不覺得那種話會傷害人，也不認爲做出那種發言的人品行欠佳。

因爲身處在那樣的環境裡，對語言的感覺可能麻痺了。

如果有很強的意志力，不容易受他人影響，當然另當別論，但是身處於那樣的語言環境，很有可能會不假思索地對不同圈子的人說出粗魯的話。

而說話時會感到猶疑，就是因爲「知恥」：我這樣說，別人會怎麼想？在選擇話語時，如果知恥未適時發揮作用，說出來的話就會變得粗魯、低俗。

順帶一提，一輩子不用「很噁爛」這類詞彙，一點困擾也沒有。

而「謝謝」「對不起」「喜歡」「尊敬」等詞彙，則是可以用上一輩子，多多益善的珍貴話語。

只要把想使用的用語，跟不用也沒差的用語整理出來，就可以爲人際關係開闢出一條新道路！

有沒有教養，一句話就知道

談到「教養」，大家可能會以爲我出身於富裕家庭，但這是天大的誤會，所以我先來解釋一下。

在小學畢業之前，我爸爸是家裡的主要經濟來源，在公司上班，以上班族平均值的薪水養活太太和四個孩子，讓我們一家人在埼玉縣過著寧靜的生活。

當時我們生活不愁吃穿，我也學了好幾項才藝，雖然生活並不富裕，但是在穩健踏實、積極正面的雙親底下，度過了樸素卻充實的童年。

我之所以會對教養感興趣，可能跟小時候母親常常把「教養比出身重要」這句話掛在嘴邊有關。

教養比出身重要，也就是說成長環境和家教對我們的影響，比家世和身分地位要來得深遠。

舉例來說，打招呼或是到別人家做客時的禮儀、拿筷子的方式、吃飯時手肘不放在餐桌上、吃東西不發出聲音、把魚吃得乾乾淨淨、爭先恐後搶第一的行爲不得體等，這些基本的禮節都在母親的管教下內化成習慣。

跟當事人的想法和努力無關，年幼時期的環境，的確可能跟性格的形成有深遠的關係，但不表示那決定了我們的一切。

日常生活中，在各種不同場合所選擇的言行舉止，才是教養的要因。

比方說，有些孩子即使年幼時成長環境不佳，沒有人教他用字遣詞和禮節，但是他觀察周遭，默默學習，因此很重視禮儀。

也有人出了社會，靠自己的雙手賺錢，跟不同價値觀的人接觸後，開始想努力改變自己。

因此，我認爲，相對於命運所賦予的環境，依據個人的想像力和培育出來的感知所表現出的言行舉止，才是眞正的「教養」。

假設成長於富裕的家庭，父母都是非常出色的人，平時就會針對與人來往的用字遣詞以及所作所爲給予指導，但能不能做到我所說的教養，又是另一回事了。

正如中國思想家孔子《論語》中一節所說，「學而不思則罔，思而不學則殆」，若只是一味學習而不思考，學不到眞正的學問。

前幾天，我在超市的紅茶貨架前挑東西時，後面傳來了驚叫聲：「呀，討厭！」

原來是有位小姐手上拿著的大杯外帶咖啡掉了，咖啡撒得滿地都是。撒在地上的咖啡，飛散成直徑一．五公尺的小水窪。

當這種預期之外的事件突然發生時，就是顯露出本性「教養」的時候。

我在心中嘟囔著：「天啊，怎麼會這樣！咖啡噴到我的裙子了。」一直想著我那件才穿沒幾次的裙子。

打翻咖啡的小姐對我說：「對不起，咖啡杯好像撞到了什麼。」但是她只是站在那裡動也不動，一點也沒有想要處理的意思。

碰巧有女店員發現趕了過來，她手腳俐落地擦著地板，並注意到我的裙子，用濕紙巾緊急幫我做了處理。

就在地板上的咖啡清乾淨了，情況稍微控制下來時，我冷靜地笑了笑，並說：

「沒關係！別在意。」正在想是否就那樣離開的時候，打翻咖啡的小姐小聲地對我說：「怎麼辦？不然我付妳送洗費好了？啊，可是我沒有零錢耶。」她給我看了看她的錢包。

我不知道她所說的「沒有零錢」是多少，但我看到她的錢包裡有百元鈔票。那個樣子很明顯地，彷彿期待著我對她說：「沒關係，送洗費就不用了！」這就是考驗我教養的時候了！我說服自己，回道：「看來得拿去送洗，但我先自己試著處理看看。」然後結束了對話。

之後，擦了地板，幫我緊急處理裙子的超市女店員，傻眼地說：「什麼，結果那位客人（打翻咖啡的小姐）沒有付您送洗費，就那樣走了喔？眞不敢相信。我們沒幫上什麼忙，眞的很抱歉。如果對方眞的覺得不好意思的話，就算要付千元鈔，也應該要付的。」她接著說：「那種打翻東西惹麻煩的人其實滿多的，很讓人困擾。我每次都很想對那種人說：『咖啡喝完再來逛好嗎！』『是不會買完東西再去買咖啡嗎！』」

我很感謝那位女店員，這麼站在我的立場幫我說話、鼓勵我，但是她最後不小心說出口的內心話：「喝完再來！」「是不會逛完再買嗎！」讓我有點嚇到。

雖然打翻咖啡的人不是故意的，打翻的當下腦袋可能一片空白，但就像女店員所說，對方完全沒有想要付送洗費的意思。

我們三個人站在各自的立場，所說出的話和顯露出的態度，恐怕完全透露出我們教養的底蘊（個性當然多少也有影響）。

在超市打翻咖啡，弄髒陌生人的衣服，這種突發事件雖然不常見，但是只要多注意是可以預防的。

這種無法預測的突發事件，讓每個人的教養立即反映在話語和態度上。

只是，如前面提到的，只要列出讓人覺得不對勁的用字遣詞清單，整理平時想用跟不想用的用語，就可以視場合，隨心所欲地自由使用。

比方說，如果你是我，當衣服被潑到咖啡，沾到污漬時，你會怎麼辦？

或是相反，如果你打翻了咖啡，咖啡潑到別人的衣服上，你會怎麼做？

如果是我，我會說三次左右「怎麼辦」，觀察對方的反應。

聽起來好像有點小心機。我會這樣做，是因爲有時實際情況並非沒關係，嘴巴卻說「沒關係」的時候；或是沒有要請對方賠償的意思，只是想看對方怎麼反應的情況。

我會在腦中拚命思考：這個時候我應該怎麼做才好？

所以，雖然我的裙子被弄髒，心情沮喪，還得花錢送洗，但打翻咖啡的人心裡搞不好覺得「幹嘛一開始不說『沒關係』就好」云云，反過來苛責我「眞是的，這個人有沒有教養呀」。

你對自己的「教養」，也就是你對平時的言行舉止有信心嗎？

教養來自於經驗中的察覺，因此反覆思考事物，可以鍛鍊並提升教養。

你想要成爲什麼樣的人？跟我一起重新審視你的教養，想像理想的自己，身體力行吧。

他人的讚美有一半是體貼

「你眞是有趣耶」，有人對你說過這句話嗎？還是你曾經對別人說過這句話？我兩種經驗都有。

如果在聊天時，對方說「你眞的很有趣耶！」你可能會感到很不好意思，但同時也覺得很高興對不對？

但是我敢說，對方所說的「有趣」，有一半是謊言。

因爲「有趣」的背後，就算有一半是眞心覺得你有趣，另外一半應該是對你的體貼。

也就是說，「謝謝你讓我這麼開心」「你這個人眞是好人耶」，這些話包含了感謝之意。

又或者其實你一點也不有趣（不好意思講得這麼直白），對方可能只是想謝謝你逗他開心，以有趣來表達感謝的心情而已。

如果是這樣，對方之所以感到滿足，並不完全只是因爲你這個人很有趣，會說你很有趣，是對於你試圖讓他展露笑容這分體貼予以回報。

這就跟人氣歌手在演唱會上載歌載舞之後，對觀衆說「謝謝大家」，而看了表演，感動萬分的你，也想向歌手說「謝謝」的心情是一樣的。

當對方說你「眞的很有趣」「眞的超級好笑耶」「我笑到都要流眼淚了」等時，表示你讓對方感到快樂，而對方也湧現出想讓你開心、向你表達感謝的心情。

這裡想請各位思考一下，話語背後對方的心情。

「你眞聰明耶」「眞不愧是萬事通呢」等，這些話的背後，有一半是出自對方想讓你開心的體貼心情。

懂這個道理的人，馬上就能回應對方「謝謝」，表達謝意。

我認爲，**對話是建立在體貼彼此的同理心之上**。

只要知道「眞聰明」「好博學」「眞是善解人意」等讓人開心的話，有一半是出自對方的體貼，時常把這樣的念頭放在心上，跟別人講話時就不會擺出頤指氣使、傲慢無禮的態度。

當別人對你說「你總是能讓我捧腹大笑」時，不要自我陶醉，試著像這樣向對方表達謝意吧：「謝謝，我才是，跟你在一起眞的很開心！」

第二章

越沒禮貌的人，越認為自己是對的

「就跟你說」，這樣說話讓人很不愉快

你在工作或私生活上，有沒有遇過「我是在教你」「要我講幾遍啊」等，姿態高高在上，或是講話不耐煩、敷衍隨便的人呢？

這種讓人不愉快的人，不僅展現在態度上，也明顯反映在話語上。比方說，說話時頻繁出現「就跟你說」「所以我說」等字眼。會那樣說，表示話者認為自己的意見絕對正確，而且不希望別人打斷自己的發言，態度相當傲慢。

如果當公司晚輩問前輩「我這樣輸入正確嗎？」，前輩回答「就跟你說，比較大的數字要放在最上面」，不僅會讓晚輩心裡不舒服，之後也不敢再向前輩確認。

如果這時候，「比較大的數字要放在最上面喔」，前輩這樣回答，講話不帶刺，彼此相處起來也和諧愉快。

有些人平常講話，「就說了」「所以我說」像是口頭禪一樣掛嘴上。跟那種人說話，聽者每次都會覺得遭受否定、充滿壓力。

我曾經看過六十多歲的社長，在年輕員工培訓的QA時間上說「有任何問題都可以問我」，但回答問題時，每次都以「就跟你說，那個是……」「所以我說啊……」「都說了……」等當作起手式。

撇除無厘頭的提問，以及明顯沒在聽人講話、思慮不周的發言，隨便羞辱鼓起勇氣提問的人，這種行爲不值得嘉許。

我有一次沒發燒，但是連續好幾天身體不舒服，去找醫師看診時，出現以下的對話。

我：「醫生，我沒發燒，但是身體卻很疲倦、頭很暈，以前從來沒有這樣過。」

醫師：「所以啊，人的健康狀態會有變化的。很難說是爲什麼。」

我：「所以我只是太疲勞了嗎？」

醫師：「嗯，所以我說，有些人很容易感到疲勞或壓力。疲勞未必是唯一的原因。」

我：「可是這樣的症狀已經好幾天了，有沒有什麼檢查可以查明原因？」

醫師：「就跟妳說，我們沒辦法解決所有問題，妳再觀察一陣子看看。」

我：「……」

上述醫師的回答讓人感受到滿滿的負能量，我付了初診掛號費，但身體和心情一點也沒好轉，回到家之後還覺得變更差了。

我不認爲醫師可以治好所有的病，但是「就跟你說」「所以我說」都是多餘的，把這些話換成「這樣啊」「原來如此」「那我們再觀察一陣子吧」，應該可以消除病患不安的情緒。

因爲醫師完全否定了我說的話，我心想說再多恐怕也無用，趕緊結束對話就離開了，之後再也沒去那間診所看診。

在不同的時間和場合，有時說出來的話不只是得罪對方，甚至可能會招來怨恨。所以請回想一下，自己說話時有沒有頻繁使用「就跟你說」和「所以我說」。

不要自以為跟客戶是朋友

這是我在演講結束之後，一位四十多歲上班族女性的學員，跟我討論用字遣詞時，告訴我的經驗。

「去年大概兩次吧，我跟公司幾位同事到一間很棒的法式餐廳開慶功宴，那時我是主辦人。一直到去年爲止，那間餐廳的男經理，在預約確認信上都是『渡邊小姐』，但這次突然變成『渡邊姐』，那個距離感的變化讓我很困惑。」她說。

結果，當時也在場的三十多歲女性上班族也點頭稱道：「我懂我懂，那種感覺眞的很奇怪。」

其實我也有好幾次相同的經驗。

一位想賣產品給我的業務，在寄給我的電子郵件上，原本都是寫「吉原小姐」，不知道從什麼時候開始變成「吉原姐」。

工作關係中，用輕鬆隨便的方式稱呼他人的行爲，讓人不禁感到疑惑。

在收件者的地方寫「吉原姐」，突然讓彼此的立場跳脫工作關係，會給人過於隨便的印象。

以「小姐」稱呼所帶來的緊張感，代表彼此之間是商業關係，但是對方卻擅自用「姐」來稱呼，這不是什麼讓人感到愉快的事。

個人認爲，只要是工作上的關係，就算跟對方聊得再起勁，言行舉止也要保持一定的禮節，郵件的格式也不因此隨便，隨時提醒自己，彼此的關係是商務上的往來，這樣的人才值得信賴。

工作上提供服務的那一方，隨隨便便就打破禮儀界線，恐怕會給人留下「厚臉皮」「我又不是你朋友」「眞是沒禮貌」的印象。

即使想把客人當作朋友看待，稱呼、用字遣詞、資訊內容的過濾、必要的問候等言行，所有必備的禮儀都不可以省略。

因爲不省略那些禮節，也能夠鞏固彼此的關係。

如果有人的目標是把客人當成自己的朋友，那很有可能只是一廂情願的想法。

「我們跟客人之間，是接受服務和提供服務的關係」，彼此立場明確，因此就算發生金錢糾紛，也可以在商言商，毫無顧忌地處理問題。

不是所有業界的每個人都希望跟店員成爲朋友，或跟業務有著如朋友般的關係。

雖然依據每個人的價值觀，情況可能有所不同，但假設眞的遇到表現得彷彿是朋友般，講話頻頻「對啊對啊」點頭稱是，在工作時間大談私事的業務窗口，我也沒有勇氣跟對方聊自己或是家人等私生活。

在醫療機構工作，背負著生命的醫師、護理師、照護員等角色，如果想舒緩病患緊張的情緒，比起「您的背很痛是吧，我明白了」，用相對輕鬆的語氣對病患說：「嗯嗯，背很痛對不對？」當然比較好，但是也必須要有分寸，不是嗎？

所以，回到剛才電子郵件的例子，就算彼此關係再好，也要用敬語來稱呼客戶；另外，當客戶很體貼地說「你應該很辛苦吧」的時候，也不要抱怨，別人才會覺得你是個懂禮儀的人。

假如你跟客戶說「我們公司很黑，想趕快辭職」「奧客超多的，心很累」等，除了嚇到客戶，對方恐怕會對你的專業度失去信心。

客戶並不是想聽你抱怨，才跟你說「應該很辛苦吧」，而是想聽你說「託您的福，我從中得到了很多經驗」，爲積極、充滿元氣的你加油！

不要不看場合問私人問題

「話說，你們家老么考得怎麼樣了？」

「妳先生之前說很擔心身體，去做了高階健檢，結果怎麼樣？」

「前輩，部長上禮拜對你大發雷霆，你還好嗎？」

「前幾天說你爺爺病危，他現在還好嗎？」

「妳之前說男朋友可能劈腿，後來呢？」

「妳說跟婆婆住，處得不愉快，現在跟婆婆怎麼樣了？」

「妳之前說先生可能要被裁員，還好嗎？」

「長子已經三十歲了對不對，你說他之前在求職，現在找到工作了嗎？」

社會上總有些人喜歡探別人的隱私，就算旁邊有閒雜人等也可以毫不在乎地探問私事。

雖然我在前一本著作寫道「不問私事反而失禮」，但是那僅限於對方是重要的人，且處於可以安心說話的環境之下，提問意圖明確的情況。探隱私，對於想拉近彼此距離的人來說很有效；接納對方所說的話，對於達成目標（關係、提案等）是不可或缺的必要條件。

但這裡要再強調一次，探問別人私事時，要選擇一個合適的場所，問法也必須有禮貌。

就像前面舉的例子，如果有些事情不想為外人所知，別人卻一直探問的話，那不只是失禮，而且還非常沒有常識。

就算是因為擔心對方才問那樣的問題，或是關係本來就很好，問了也無妨；但如果在別人聽得到你們談話內容的地方問，或是對方不想讓其他人知道，可是問的當下有其他朋友在場時，你卻毫不在乎地問出口，恐怕會讓人退避三舍。

前面那些失禮的問題，如果對方的回答是好消息，例如：「考上第一志願了」，或是「託您的福，現在平安脫險，奇蹟似地康復，下週就要出院了」等，問了或許沒什麼關係，但並不是每次都是好消息。

你在探問別人私事時，是選在可以讓對方安心說話的場所嗎？

這裡所說「可以安心說話的場所」，不是指有隔音設備這種高度防備的地方。擠滿人的電車、巴士、排隊上廁所、提著重物站在路旁等，這些都不是可以靜下心來好好說話的地方。

選擇不用擔心被別人聽到的場所以及適當的時間點聊私事，是聊天最低限度的禮節，應該用心的地方。

當你在路上巧遇穿著西裝的朋友，他說「我現在要去面試」，那時即使四下無人，也應該要避免問一堆問題。

原因不用多說，因為問一堆問題會讓對方感到不安，可能會害他在重要的面試失常。

當我在咖啡廳接受採訪，或是跟工作上往來的人說話，聊到朋友或家人的話題時，我都會默默地確認座位兩旁的客人。

如果隔壁只坐一個人，就算對方對我們的話題沒興趣，也很容易聽得一清二楚。

就我的經驗，**被別人聽到會很困擾的事情，最好都不要問**。

雖然也要看是什麼內容，但遇到不得不說的情況時，我會壓低音量或是靠近耳邊輕聲細語，避免提到特定名詞和具體數字（例如地址、電話號碼等資訊）。

另外，如果旁邊坐了兩個人以上，很有可能會蓋過彼此的講話聲音，但是當旁邊其中一人起身去上廁所或講電話時，我就會壓低音量；考量各種情況，避免談話內容被其他人聽到。

此外，當大家談論起某人，可能會有你對這個談論對象特別了解的時候。

這時，必須謹慎考量其他人跟談論對象的關係、其他人擁有的資訊量，以及對方的可信任度（口風緊不緊），多餘的事情一律閉口不談。

平時說話時，就會留意周遭動靜，調整談論內容和音量的人，讓人感到安心；另一方面，「某某公司社長的誰誰誰啊」，大聲說話的人，則讓人感到緊張不安。

如果遇到不看情況大聲說話的人，就爲對方保留面子，小聲地說：「小心個資！」用眼神提醒對方旁邊有人，請他小心一點吧。

大多時候，對方都會反應：「啊，對耶！」之後就會比較小心了。

與其心神不寧地聽對方說話，不如當機立斷，立刻提醒，反而可以把問題解決乾淨。

很多人會特別留意「使用正確的敬語」「說話得體」等地方，但是卻低估談話場所的重要性，這種情況是真實存在的。

其實我的朋友當中，有很多人都遇過不看場所探問他人隱私的人，這些人讓他們很困擾，例如：「在人來人往的地方問東問西，彷彿要弄清楚我家祖宗十八代一樣，眞是不可置信」「明明有其他員工在場，店長卻一直問我未婚哥哥的事情，眞的很討厭」等，感到憤怒和氣憤的人不在少數。

你跟別人聊私事時，會確實地選擇適當的場所嗎？「我可以跟這個人聊比較私人的話題」，如果對方這麼信任自己，應該很值得高興。

讓自己養成跟別人聊天時，確認說話內容，同時留意四周有沒有其他人在的習慣吧。

在大家面前糾正他人，「自以為是」的那些人

有些人在工作場合提醒或建議別人時，好像在演戲一樣。這些人的提醒和建議做得太過頭，把別人指責到內心受傷不已，卻自以爲「我是爲他好」，實在讓人困擾。

這是我二十多歲，進入航空業擔任空服員第二年時的故事。客人寄放在我們這裡的外套，在飛機降落後，我差點拿錯給別的客人，幸好及時發現，沒有給任何一位客人添麻煩。

前輩發現這件事，值勤結束之後，她在乘坐了十名左右機組員的小巴當中，邊翻舊帳，邊用嚴厲的語氣責罵我。她大概罵了三十分鐘，直到我們抵達入住的飯店。

雖然我的運氣很好，最後沒給任何人添麻煩，但是小失誤或先入爲主的成見，有可能會引發大事故。所以工作時一點也不可以鬆懈，前輩願意指點我，是很難能可貴的。

而且當時的我還乳臭未乾，我很清楚前輩這樣指導，是因爲她非常熱心。

但是在小巴裡發生的事情，讓我悶悶不樂，遲遲無法釋懷，「有必要在大家都在的場合（其他晚輩也都在），用這麼嚴厲的語氣一直責罵嗎？」在那之後我感到很沮喪，也喪失了自信心。

我記得，隔天爲了不再出錯，拚命想要轉換情緒，很幸運的，多虧了同事和其他前輩的鼓勵，讓我平安無事地結束了當天的勤務。

故事轉換到另一個場景，這是我到米其林餐廳慶祝朋友生日時遇到的事情。

在前檯作業的廚師，在我們兩公尺前方，對著晚輩廚師大吼：「搞什麼東西！是要我講幾次啊！」

男性低沉的怒吼聲，充滿著威嚇感。

我跟好友中午特地到餐廳想慶祝一番，和樂融融的氣氛，因爲那個怒吼瞬間凍結了。

員工之間有激烈爭執也不遮掩，餐廳方可能想主張，「我們餐廳就是這樣」。

但是對客人來說，只讓人感到困擾罷了。

假如餐廳想堅持原則，在客人面前罵員工，他們就應該在官方網站上備註：「我們會在客人面前斥責員工，敬請見諒。」（當然沒有人會這樣寫。）

不過，應該也有客人一點也不在意這些，尊重餐廳的原則。

但至少對我們來說，那並不是什麼令人舒服的場景。

我們應該要謹記在心，重要的事情，選擇適當的時機和場所提醒對方，才是最有效果、最聰明的方式。

真的必須提醒或建議對方時，想像一下該怎麼說對方才願意接受，可以讓提醒的效果發揮到最大。

在大家面前擔心別人，「神經大條」的那些人

跟前面的例子相似，假設有上司跟其他男女員工都在的場合，問女員工：「我聽說上禮拜妳請假去做不孕治療，結果怎麼樣？」

被問的當事人，以及碰巧聽到的其他人，他們會覺得怎麼樣呢？

或者是，在擠滿人的電梯裡，上司問下屬：「你父親的債務已經還完了嗎？」你如果搭同一部電梯，站在旁邊的你會怎麼想？

如果很擔心對方，眞心爲對方著想，就不應該在大家面前問，應該在沒有其他人的地方，悄悄問對方「你還好嗎？」才對。

無視周遭有其他人，大剌剌詢問私事的人，乍看之下好像很擔心對方，但其實只會讓別人覺得這個人神經大條、沒禮貌到了極點。

就算是眞的很擔心，這種行爲也無法把心意傳達給對方，反而會覺得再也不想跟這個人扯上關係。

我們應該要隨時警惕自己，不要成爲這種人。雖然也要看情況，但如果在大家面前被問到私事，可以直截了當地告訴對方：「這件事不適合在這裡講，我們下次再說。」「這件事情，我們下次換個地方有機會再聊。」如果不把話講清楚，神經大條的人是聽不懂的。

有時可能因爲跟對方的關係，很難轉移話題。但不表達清楚自己的想法，對方之後又會來問相似的問題。

有時我們必須用嚴肅、不帶笑容的表情，嚴正地向對方表達「我感到不愉快」。

拜託別人卻又不講清楚的人都是時間小偷

最近有沒有人拜託你什麼事？或是你交辦事情給人呢？

有些委託不分公私可以隨口答應，有些則是有點麻煩、花時間，日常生活中這種拜託來拜託去的情況應該很多。

當別人拜託你的時候，你是否曾經因爲對方的一句話，而出現「我願意盡最大的努力幫助這個人」的想法呢？

舉個生活中常見的例子來說，假設有人在路上發面紙，那個人笑咪咪地看著你的眼睛說：「歡迎使用，謝謝！」並遞上面紙。

相對於板著臉、不發一語地把面紙塞到你手裡，親切說著「歡迎使用」的人，應該比較多人想拿他發的面紙。

只是稍微換個方式拜託，反應就大不相同。

說到委託，我經常收到別人請我介紹餐廳，例如：「請推薦一下六本木好吃的日式餐廳。」

這種委託看起來極爲普通，大家應該都有過這種經驗，但其實依據對方拜託的方式，受委託的一方可能會花費相當多的時間處理。

拜託我的人，在郵件裡只提到「日式餐廳」，其他什麼資訊都沒有，例如：是誰要去吃飯、人數、期間、用餐目的、預算、喜好、有無過敏、喜歡的氣氛等，而且日式餐廳的種類很多，有蕎麥麵、壽喜燒、壽司等。

於是，我爲了獲取更多的資訊，開始跟對方一來一往地通郵件。

結果，從收到對方委託的郵件，到我得到足夠的資訊，共介紹了三間餐廳給他，這中間卻往來了十封以上的郵件。

對方信任我，拜託我介紹餐廳，所以我想盡可能地提供對方有用的資訊，但當時的我感到相當筋疲力盡。

在拜託別人的時候，一開始應該就要言簡意賅地提供最小限度的必要資訊給對方，這樣對受拜託的那一方來說，會非常有幫助。

我認爲人情世故是人際關係的基礎。

如果對方提供了充足的資訊，而且字裡行間相當謙虛有禮，受到委託的那一方，也會覺得「我一定要幫他」。

爲了不讓對方花費太多工夫，細心地事先提供明確的資訊，並且能夠謙虛有禮地拜託對方：「不好意思百忙中打擾，您的經驗豐富，所以有件事情想向您請教。」應該很多人願意助你一臂之力，接下你的委託。

另一方面，假設別人拜託你事情，但你沒有信心能夠做到時，果斷拒絕也是種誠懇親切，不是嗎？

因爲一句「好啊」隨便答應別人，結果卻做不到、半途而廢，只是浪費彼此的時間而已。

對方之後還必須找其他願意幫忙的人。

因此我建議，在接受委託的時候，自己心中應該要有一套穩健的原則。

以下提供我的原則給各位參考。

【接受他人委託時的基本原則】

①思考自己能否爲對方努力到最後。

②明確化自己的能力範圍和可以幫忙的期間。

③不確定要不要接受委託時，請對方給自己一天的時間思考。

④如果對方拜託的方式讓你感到不對勁，就拒絕。

⑤無論是接受還是拒絕，都要有禮貌地回覆。

你也試著思考一下，屬於自己的具體原則吧。

委託事情時，無論是拜託人的那一方，還是被拜託的那一方，都應該謙虛有禮！

拜託人的方式讓你原形畢露

說到拜託人的方法，舉個自家人的笑話，我父親拜託人的方式有很多吐槽點。父親參加了社區的英語俱樂部，有時他會拿著幾頁自己喜歡的書的內容，或是自己寫的講稿，突然聯絡我說：「份量不多，想麻煩妳一件事。我有東西想請英語老師幫我看看，妳可以在明天之前幫我翻譯成英文嗎？」

每次大約是A４紙一到兩頁，紙上密密麻麻的，而且有七成的內容根本無法判讀。

即使他是生養我的父親，「份量不多……」這個開場白，實在讓人很想回：「這份量很多好嗎……」

父親爲了學習英語會話，加入了英語俱樂部，卻把翻譯的工作丟給我，這樣對學習英語一點也沒幫助，目的和所作所爲根本相互矛盾（笑）。

而且父親好像完全搞錯我的英文翻譯程度，「明天就要喔？爸爸你寫的字根本無法判讀，這樣我會花很多時間耶。不好意思，我每天都滿忙的。你要不要用翻譯軟體查查看？」當我這樣拒絕他之後，父親就回說：「我又不是拜託妳什麼難事，小珠眞小氣耶。連這麼簡單的事，都不願意說『沒問題，交給我！』，爽快接受。」然後掛斷電話，讓我心裡很不好受。

我不是在說父親的壞話。我很尊敬父親，從小時候開始，他不曾說過洩氣話，或是抱怨任何事。

母親在幾年前過世後，即使父親內心的某一塊不見了，他還是爲了生活忙碌地工作著；看著熱衷於興趣、喜歡游泳，開始參加英語俱樂部的父親，讓我感受到他堅強的意志。

「明天就要」「你現在馬上就動手做啦」，只有家人才可以這樣拜託，我很清楚父親不會對家人以外的人，做出這種失禮的事。

只不過我希望大家了解，就算是父親和女兒的關係，孩子長大之後，彼此也有各自的生活步調和情況。

所以摒除攸關性命的事情，在拜託別人必須花時間準備、費工夫的事情之前，最好花個五秒鐘思考一下。

不誇張，拜託人的方式會讓你原形畢露。

「這應該很簡單吧」「不是什麼難事啦」「你一定要幫我」，這種拜託人的方式，暴露出內心眞正的想法——一點也不在乎對方的狀況和所需時間，就算是家人，也不可能犧牲睡眠時間接受委託。

換成是外人，更是如此。

在公司，想跟會計部門請教事情，或是請正在做簡報資料的下屬補充資訊到簡報裡時，在拜託之前，加上幾句慰勞的話是必要的，例如：「在月底忙碌的時候眞的很不好意思……」「現在工作一定很忙吧，很抱歉在這個時候還要麻煩你……」

「你去做這個」跟「接近中午休息時間眞的很不好意思，只要輸入資料就好，可以麻煩你現在做嗎？」這兩種講法給人的感覺應該完全不同吧。

畢竟是工作，沒辦法因爲對方拜託的態度差就拒絕，但後者這種懷著「歉意」的拜託方式，被拜託的那一方，做起事來應該比較心甘情願。

我們的大腦，情緒越穩定，越可集中注意力，因此拜託人的方式佳，對雙方來說都有很大的好處。

提醒大家一下，這裡不是說只要拜託人的方式有禮貌，就可以隨時隨地拜託別人任何事情。

尤其是在公司的旺季、午休開始前、下班前一刻、他人剛病癒不久的時候，想委託事情一定要仔細思考拜託的時間點。

無論是什麼狀況，都應該要避免「這個很簡單，一分鐘就可以做完，你現在馬上就做」，或是在午休和下班前一分鐘拜託別人事情。

朋友之間也一樣，「給我某某人的聯絡方式」「上次我們一起去的那間燒肉店營業時間是幾點到幾點？」訊息只寫著問題，不看時間突然傳訊息來，不得不說這種人欠缺想像力，不懂得將心比心。

只要加上尊重對方的一句話，例如：「抱歉在百忙中麻煩你」「在你疲憊的時候眞是對不起」「不好意思麻煩你了」等，就可以從厚臉皮的人，變成能夠有禮貌地拜託別人的人。

另外，當別人答應了你的請求，應該要採取後續行動，利用電子郵件或通訊軟體傳訊息，「你眞是幫了大忙」「謝謝你」等，向對方表達謝意。

然後，下次見到本人時，再次面對面地表達謝意，「謝謝你前幾天馬上告訴我中川的聯絡方式，非常感謝！」這樣做，對方一定會覺得你是個懂人情世故、重禮節的人，對你產生「有任何需要幫忙的地方，儘管開口」的心。

順帶一提，我在電話裡跟父親說：「我在『拜託人的方式讓你原形畢露』的章節，寫到爸爸喔。」父親回道：「哈哈哈，的確是如此。」笑得很開心。

之後，父親恭敬謹愼地拜託英文很好的親戚幫忙翻譯，對方爽快地答應，父親似乎也好好地答謝了對方。

由於心胸狹窄的我拒絕了父親的拜託，使得親戚必須幫忙父親翻譯，我心裡既不好意思，又覺得很高興；不過父親在拜託時，很恭敬有禮，這讓我稍微放心了一點。

父親的英語能力究竟能不能往上提升呢?!

「我很閒」這種邀約方式很不ＯＫ

你身邊有人會這樣約人嗎？「我最近很閒，一起喝杯茶吧」「我很閒，下次一起去吃好吃的吧」「我眞的很閒，隨時可以約我喔」。

說自己很閒的人，可能沒有什麼特別的意思，但是對被約的那一方來說，對方約自己最大的原因是因爲「很閒」，恐怕一點也高興不起來。

說起來，「很閒」如果用在自己身上還好，例如：「我太閒了，就把家裡從裡到外打掃了一遍」，但是用在約別人時，是一件非常失禮的事。

「我很閒」這句話的背後，眞正的意思可能是「以你方便的時間爲主」，也就是因爲對方比自己忙，所以請對方不用在意自己，讓對方決定日期。

但是，這種說法同時也會讓人覺得，你是利用對方來消磨多餘的閒暇時間，或擅自覺得對方應該也很閒。

這種情況很少見，但有時我也會遇到這樣約我的人，「珠央，我很閒，妳隨時約喔」，他們並不都是沒禮貌的人。但正因爲容易被誤會，才更應該要注意。

我知道對方並不是眞的很想邀約，但我認爲，假如覺得「很閒的時候」就是「約人的時候」，所以才開口邀約的話，一開始就不要約還比較好。

所以，當你想要約人的時候，就明講：「我想要跟你聊天，下個月我們一起吃個午餐吧！」這樣說，被約的那一方也會很高興。

想像對方有多忙

「你很閒的話，我們一起去……」這種約人的方式當然也不佳；避免讓「很閒」這個字眼出現在對話中，就可以讓說出來的話優雅有氣質。

有一次，合作夥伴突然寄來一封工作的電子郵件。

郵件上頭寫著：「很抱歉在您出差大阪後忙碌的時候打擾，有件急事想麻煩您確認。」

對方很善解人意，先以「抱歉在您忙碌的時候打擾」開頭，然後依據已知事實推測，想像我應該很忙碌，「剛出差回來，現在一定非常忙碌吧」，因此我在回信時，也針對他的體貼表達了感謝。

從過去的對話或是通訊內容，某種程度能夠推測出對方的行動和行程。

我也希望自己能夠在對話或郵件中多加利用那些資訊。

不過，這裡所指的多加利用，不是密切掌握對方的行程就可以，例如：「您現在應該剛好退房了吧？」「您現在正好可以從新幹線的窗戶看到富士山吧？」

這類彷彿在「監視」別人的內容是不需要的。如果在聯絡對方前，想到「他好像說上上禮拜感冒了」，信中別忘了針對那件事情關心對方一下，例如：「◯◯您好，希望您上上週的感冒已經痊癒，很抱歉在您身體還在療養的時候打擾，關於下週開會事宜，有一件事情想聯絡您。」

不是只有你工作很忙，大家都很忙。

不論你是很有時間，還是比對方還要忙碌，都應該尊重對方的時間，並積極地表現在話語上。

像是「您這麼忙，卻還幫忙調查這麼多，真的非常感謝」「在如此忙碌的時候，還這麼擔心我，謝謝您」等。

跳脫立場，把隨時尊重對方時間的言行養成習慣，人家一定也會尊重並珍惜你的時間。

請五秒内點好咖啡

你在咖啡廳時，算過自己點餐花了多少時間嗎？

身爲形象管理顧問，我建議各位實際測量看看，從輪到你站在櫃檯點餐到點完餐，要花多少時間。

假設你跟上司或客戶兩個人一起來到咖啡店。

除了辦公室以外，對你來說所有的場合都是表現自己的場合。

爲什麼要測量時間呢？因爲從你點餐要花費多少時間，大概就可以知道你能否言簡意賅地表達重要的事情。

當店員喊「下一位請」，你站到櫃檯前時，最好在五秒內點好對方和自己的飲料。

五秒聽起來好像很短，但實際測量就可以知道，五秒鐘的時間其實意外地很充裕。

比方說，「一杯小杯豆漿拿鐵和一杯中杯卡布奇諾」，點完餐大約花費四到五秒。

點餐花費的時間，不只是自己的，也會影響到跟你一起的同伴，和其他排隊的人的時間。

在五秒鐘以內快速點好餐（要注意不要講太快而沒有傳達清楚），你和對方不但可以快速拿到美味的飲品，也能夠盡早開始重要的談話。

挑選飲料的過程的確很愉快，但是留意決策和表達事情所花費的時間，能夠鍛鍊你的決斷力和取捨能力。

五秒鐘只是個參考，並非超過五秒就是淘汰出局，重點在於留意做決定時所花費的時間。

「五秒內做好決定」，只要意識到這點，之後就能夠靜下心來好好說話。也就是說，能把時間運用在重要的事情上。

第一步，先來挑戰看看五秒鐘內點完咖啡吧！

鍛鍊你的時間感覺

這是我到一家優雅舒適的法式餐廳吃午餐時看到的事情。

在我隔壁的座位，坐了三位看起來二十來歲的年輕小姐，她們正在看菜單。

「前菜可以選湯或沙拉，哪個好呢……」「我想吃漢堡排，但燉雞肉感覺也很好吃耶」，開心的討論聲此起彼落。

大家笑得很開心，氣氛很歡樂。但是從開始看菜單，大概過了三十秒，氣氛沉靜了下來，只剩一位還沒決定好主餐。

已經選好餐點的兩個人，努力地跟另一位還在選餐的朋友搭話，「實在讓人很猶豫對不對」，但兩人的反應越來越薄弱，最後她們開始滑手機，不知道能做什麼便喝起水來。

一直還沒決定好主餐的女性，還問朋友：「哇，妳這支手機好可愛！是哪家的？」另外兩個人選好餐過了兩分鐘以上，她才終於說「我決定好了」。

那位女性沒向等很久的朋友道歉，也沒主動叫店員過來點餐。

如果說「因爲是朋友嘛」，別人也不能說什麼，但想成爲相處起來輕鬆自在的朋友，不讓對方枯等、不驕縱，才是維繫友誼的祕訣，不是嗎？

所以，點餐很花時間的人，可以預先設定一個具體時限，例如：「在對方決定好餐點後，自己也在十五秒內決定好」。

除了極爲罕見的特殊情況，像是餐廳菜單的選項很多，或是菜單上寫著沒聽過的食材和用語，如果是平時常去的咖啡廳、簡餐店、家庭式連鎖餐廳等地方，請試試這個原則：對方決定好餐點之後，最慢在十五秒內做好決定。

十五秒，就跟我們熟悉的電視廣告長度差不多，請把瀏覽菜單當作是看電視廣告，留意點餐所花費的時間吧。

此外，當我決定好餐點，而對方還在猶豫的時候，我不會說「我決定好了喔」，而是默默合上菜單，或是喝水。

如果對方看起來不急著決定，我會選擇適當的時機問對方，「我們要叫店員來了嗎？」

不讓人等太久，但是也不想在對方看菜單努力做決定時打擾。

所以，我認爲重點在於，不要浪費彼此的時間。

「炸豬排飯好呢？還是炸豬排蓋飯呢？綜合炸物套餐好像也很不錯……」在寶貴的四十五分鐘午休時間，餓著肚子焦急等待猶豫不決的人當中，有些人可能會在內心默默發誓：「以後再也不要跟這個人一起去吃午餐了。」

能夠在短時間內決定好餐點的人，不只是沒耐心的人，也可以說是懂得時間價值的人。

當然也有些人根本不在乎這點小事，但如果連點個餐都可以猶豫兩分鐘，讓別人等待也不覺得不好意思，這種人可以說不在乎時間成本，說起話來應該也很冗長。

如果對方一直講話，遲遲不點餐，我們的大腦某處就會一直惦記著「要叫店員來點餐」，注意力無法集中在對話上頭。很多人應該都有這種經驗吧？

你有沒有過這樣的經驗呢？在超市收銀等結帳，前一位結完帳之後，卻站在收銀檯前整理錢包裡的收據和鈔票零錢（明明移動到其他地方也可以做），遲遲輪不到你。

讓別人等你，卻臉不紅氣不喘，只會讓人覺得你這個人眼中只有自己、是個只在乎自己，沒禮貌的人。

如果想在工作或私生活維繫良好的人際關係，我建議應該多觀察周遭的狀況，隨時留意自已花了多少時間。只要在對話時留意每一秒的流逝，不但能夠提升你的決策力，在解決各種問題時也能擁有更多自信。

如身兼小說家、政治家、科學家的歌德所留下的名言：「只要好好運用，時間其實是很足夠的。」珍惜每一分每一秒，就能有效運用時間。

但是就算決策速度變快了，也別忘了表達時應該要客氣、有禮貌！

開口閉口「說真的」，這跟強迫他人沒兩樣

老實說，我非常喜歡老歌。

做家事時，總是哼著小學時喜愛歌手的歌曲和演歌，大多是令人懷念的旋律。

「再讓我多喝幾杯吧……」我經常一邊打掃廁所，一邊唱著老歌，孩子們經常疑惑地問我：「這是什麼歌？」

我尤其喜愛八〇年代到九〇年代的歌，那些描寫世間人情世故、悲歡離合的歌詞，總是深深地打動我的心。懷念的旋律，以及當時歌手們高亢飽滿、清澄動人的歌聲，觸動著我，也深深烙印在我心頭。

某天夜晚，我聽著一個老歌的節目，有位十幾年前的人氣歌手擔任節目來賓。

聽著聽著，我發現他頻繁地使用著某個詞彙——「說眞的」。

身爲形象顧問，我會這樣建議：講太多次「說眞的」「還是」，會讓人留下「堅持己見」「頑固」「講話很強勢」等強烈印象。

比方說，「您對近來年輕歌手的演出有什麼感想呢？」主持人問，「該怎麼說呢，說眞的，跟我們差很多。我們那個年代，每個人都熱情得要命。說眞的啊，當時的歌手眞的是全力以赴……而且，我們那個時代說眞的……」那位來賓的回答大概是這樣。

他才開口講了十五秒，就說了三次「說眞的」。

試著講講看就知道，五秒就出現一次「說眞的」，聽起來應該覺得有點囉嗦吧？

每個人說話的方式不同，想怎麼表達是個人的自由。

但是，說話三句不離「說眞的」「還是」，不但會模糊想傳達的重點，而且比起內容，別人更容易對你留下固執己見的印象。

這個現象不僅限於老年人，過度自信的人、眼界狹隘的人、情緒化的人，不分年齡層，都有三句不離「說眞的」「還是」的傾向。

不可否認，當我們在對話中用了「說眞的」這個詞的時候，就代表我們信心滿滿，帶有「那不是應該的嗎？」「對我來說是理所當然」「無論如何都想說服對方」等想法。

所以，找出最想強調的事，再表達：「說眞的，這個問題最重要！」就能清楚有效地傳達你想說的重點。

【講話三句不離「說眞的」的例子】

①「說眞的，我覺得海外的客人比較喜歡既有的方案。新方案啊，眞的很難推。」

②「雖然現在凡事都可以透過網路解決，但說眞的，我認爲我們也需要不透過網路，人與人之間的眞實連結。」

反覆使用「說眞的」，說眞的，聽起來是不是很刺耳呢？

我上一句使用的說眞的，其實是不需要的。

如果你身邊有人講話三句不離「說眞的」，你可以試著觀察他說話。

雖然剛才的例子沒有出現，但三句不離「說眞的」的人，他們講話時，「說眞的」常常跟「該怎麼說呢？」搭配使用。

「該怎麼說呢？說眞的，我好像沒什麼興趣」，像這樣講話曖昧，或是沒想清楚就開口的人，就很容易脫口而出。

跟「說眞的」一樣，我們也要避免過度使用「該怎麼說呢？」「極度」「非常」等詞彙。

要了解，三句不離「說眞的」，會給人「頑固」「喋喋不休」「嘮叨」「強加於人」的感覺。

只有在「重點在這！」的時候，使用「說眞的」一詞，才能把眞正想傳達的東西、希望別人了解的事情，傳遞給對方。

「大家都在做」，這句話超級沒禮貌

「我最近開始學英文了」「英文啊，好像大家都在學耶」，有些人會對立下新目標、眼睛閃爍著光芒的人說出這樣的話。

「我總算下定決心，開始慢跑了」，也有店員會這樣笑容滿面地回客人：「現在大家都在路跑呢。」

開始嘗試新事物、去陌生的地方旅行、親戚結婚了等，這些事情可能是日常生活中常見的話題，但對當事人來說，在做出決定之前，中間的過程可能歷經了風風雨雨、喜怒哀樂。

所以，忽略背後的脈絡，不分始末就回答「大家都在做」，其實非常沒禮貌。

雖說如此，我也不建議過度反應，像是「眞是太棒了！」

「大家都在做」，就是「你做的事情很普通」的意思。

「你一點也不特別」，給人這種感覺的訊息，應該要歸類爲不應使用的用詞。

會跟別人說自己開始學英文，或是開始慢跑的人，應該都抱著這種想法：希望對方爲自己加油、希望獲得讚美、希望能讓人驚豔。

雖然回應「大家都在做」並沒有惡意，卻會使人失去信心和幹勁，所以在了解這點之後，應該要盡量避免說出這種話。

選擇適當的回應用詞，別人會覺得「跟你說話眞開心」「讓我充滿幹勁」，讓人喜歡跟你說話。

聊天時間點超差的人

我有很深的體悟：聊天的時間點，就跟用詞一樣，必須慎重選擇。注重語法正確性的人越來越多，但我認爲，在聊天的時間點上，大家還有很大的進步空間。

有別於談話內容，說話的時間點沒辦法事先準備。

「聊天的時間點有這麼嚴重嗎……」你可能會覺得有點誇張，但如果時間點太差，讓對方感到不愉快時，你說的內容再好，也可能給人留下「不會看時機」「愛插話的人」等不好印象。

「初始效應」這個心理現象指的是，第一印象容易使人留下深刻的記憶，會對他人之後給予自己的評價帶來很大的影響。

開口說話時，有三個項目是形成最初印象的主要因素。

①用字遣詞：有沒有禮貌？

②聲音：沉著穩重與否？

③說話的時間點：有沒有仔細觀察對方？

相信有不少讀者，針對①和②或多或少已經有概念。只要再多留意③「說話的時間點」，就可以大幅提升別人對你的第一印象。

這是我在不久前觀看某個以女性爲對象的商業論壇影片，由三位女性進行專題討論時看到的片段。

三位與談人都是五十到六十多歲，活躍於業界的美容研究家和經營者，給人感覺沉著穩重，各個充滿自信，大方俐落地談著自己的經驗。

某位女經營者正談著她如何讓自家產品結合傳統工藝與現代感，打造出熱賣商品的成功行銷案例。

「您（女經營者）的想法，在當時相當創新呢。」與談人A應和著女經營者的話，但是A的話還沒說完，另一位與談人B馬上插進來說：「也就是說，您當時的做法，可能爲自己樹立了不少敵人。」

B明明可以等A把「……在當時相當創新呢」整句話講完，再接話也不遲。之後，A和B都針對女經營者的發言回應，但只有B每次都不等人把話說完就開口插話，完全不肯定別人的評論，拚命想講自己的事。

看著畫面上的B，讓人不禁這樣想：她應該平時就是個不怎麼聽別人說話的頑固人吧。

頑固可以是充滿魅力的個性和優點，但是在大家面前說話時，不需要表現得頑固倔強；等別人講完再說，自然會有好評價。

B可能非常努力地想參與討論，但是缺乏對另外兩位與談人的體貼與尊重，總是在不好的時間點插話，無法讓觀眾留下好印象。

反倒是一直被插話的A，表情和顏悅色，從容不迫、優雅且正向的應對，讓我學到很多。

還有一個例子也是跟說話的時間點有關，這是店員跟我孩子說話的故事，裡面也有不少可以討論的地方。

我常常帶孩子去一間溫馨舒適的餐廳吃飯，手腳俐落的店員，總是在送上孩子們的餐點時笑著說：「久等了，你們多吃點喔！」說完馬上離開，所以孩子們都能夠專心吃飯。

但是，我也曾經碰過完全不看時間點搭話的店員。

有一次我們全家人一起到國外旅遊時，在餐廳遇到在當地工作的日本人女性，她在我跟孩子們講話時問我：「你們日本人？」

她的問句是「你們日本人？」，而不是「請問你們是日本人嗎？」，雖然我對她的問法感到不太舒服，但還是語氣溫和地回答了她。

之後，她把孩子們的餐點送上桌後，開始對孩子們連環提問：「你們喜歡義大利麵嗎？你們喜歡什麼口味的義大利麵？」

然後在孩子們回答完前，突然接著說：「姊姊我以前也住在日本喔。」然後細數過去到現在的經歷，講了一分鐘以上。

店員滔滔不絕的時候，我催促孩子「你們趕快趁熱吃」，我也自己拿起刀叉吃了起來，但那位店員卻一直講著自己的事情停不下來，一點也不在乎別人。

我很擔心她講話時的飛沫噴到食物上，而且她對我們沒有興趣，一直聽她講自己的事，讓我覺得那幾分鐘彷彿拉長了好幾倍。

聊天搭話的最佳時機，應該是客人用完餐，收走餐具等待結帳的時候。可能因爲她居住海外，知道我們是日本人，湧現安心感和親近感，不由得想講日文。我不是不能了解那樣的心情，但我認爲，當別人在吃飯時，聊天搭話應該要遵守最低限度的禮儀。

在錯誤的時間點聊天，會讓人覺得你這個人頑固且沒常識，不僅影響第一印象，也會影響到之後彼此的關係。

建立良好對話氣氛的基本，就在於抓準說話的時機，而且有時也必須耐心等待。

問題越多，評價越低

我在某企業做領導力培訓時，有位四十多歲的女性學員Y，課後來找我討論。她問我：「有位派遣到我們公司第二年的派遣人員S女，她跟我同年，常常來問我工作上的問題，但是當我回答時，她都說『沒人教過我這個』『爲什麼只有我負責這麼複雜的業務？』等。她的自尊心莫名的高，從來不說謝謝。她的問題其實只要翻翻操作手冊就可以知道答案，但她只是懶得去翻，所以跑來問我，我很想請她自己去翻手冊。請問有沒有什麼不激怒對方，委婉的表達方式呢？」

Y小姐給我的印象很好，不僅認眞，也很沉著冷靜。而且她工作歸工作，是懂得就事論事的人。

因爲Y小姐是正職員工，因此也必須負責培訓派遣人員。

如果彼此都是派遣人員，就可以站在同事的立場回說：「我也不太確定耶，妳要不要問問課長？」把問題丟給別人，但是Y小姐沒辦法那樣做。

如果我是Y小姐，我會利用操作手冊，以口頭明確地回答對方的問題。

「我想妳可能也知道，妳問的問題，可以參考操作手冊的這裡（一起看操作手冊）。上面的說明比我講得清楚好幾倍，妳一定要多多利用這本操作手冊！這樣不必一有問題就離開座位問人，得到的答案也比問我更加準確。下一次麻煩先確認看看操作手冊的內容。就算是第一次碰到的問題，也可以參考操作手冊最後一章的『案例集』。總之，遇到問題時，請先翻閱操作手冊，謝謝。像我不好意思一直問課長和其他人，到現在也還是經常使用『案例集』喔。」像這樣告訴對方如何解決問題。

有些人可能會對上述「我不好意思一直問課長和其他人問題」，這部分感到有點抗拒。

但是，這裡用的是「我」，而不是「我跟妳一樣」，所以並沒有指責S小姐的意思。

而且，用「我」陳述「我的」經驗，Y小姐講的是自己的經驗，因此就算直接把話講明，一點也不失禮。

補充一下後續，提供了上述意見之後，我收到Y小姐的電子郵件。她在信中寫道：「我馬上試了吉原老師教我的方法，結果，這星期對方一個問題都沒問。之後我會持續推廣使用操作手冊的好處。眞的非常謝謝您！」看到她這樣說，讓我安心了不少。

雖然這方法未必人人適用，但這個例子讓我深刻地了解到，像Y小姐這種有行動力的人，才能夠帶來改變。

明明自己就可以查到的事情，卻什麼都要問人，在別人眼中，這種人看起來就是不用腦袋，爲了得到想要的資訊，給人添麻煩也無所謂。

當事人可能認爲，有不清楚的地方，問人很正常，或是不費工夫就能得到答案很輕鬆；但是對動不動就被問的那一方來說，他們容易把這種人評爲「懶蟲」「麻煩鬼」「不想跟他扯上關係的人」，所以要特別注意。

在需要傳統工藝和技藝的匠人世界，「模仿師傅怎麼做」的風氣盛行，在那個年代，就連問師傅或前輩問題也有所顧忌。

這可能是另一種極端，但只要理解問問題不只是剝奪別人的注意力和時間，也是單方面挖取對方擁有的資訊和經驗，對問問題的認知應該就會有所改變。

就算是在職場，每問一次問題，都是在欠對方人情。人情債不斷增加，卻連個謝謝都不說的話，搞壞人際關係，被別人當作是「只想當伸手牌的懶人」也是無可奈何。

例如，剛進新公司工作，廁所的洗手乳用完了，在問別人「洗手乳放在哪？」之前，可以先自己把廁所或洗手檯的收納櫃全部打開一遍找找看，不是嗎？

「新的洗手乳換好了喔！」再怎麼小的事情，也能自己先思考、動手試試看的人，在別人眼中主動積極，也會令人另眼相看。

問題越長，越沒常識

這是我去聽某位學校女性經營者演講時發生的事情。

那位講者是從外縣市來到東京市內會場的，因此她在演講的最後說道：「非常抱歉，演講結束後，我必須趕搭新幹線回學校，問答僅限三名聽眾提問。」

在問答時間，第一位聽眾的問題結束之後，第二位舉手的女性獲得了提問的機會。

在超過一百位聽眾的場次裡，勇敢舉手發問，想必一定是非常積極主動的人。聽眾怎麼問問題，講者如何回答問題，不僅是問答的內容，我也對其中的表達技巧非常有興趣。

終於換第二位聽眾拿起麥克風開始提問。

結果，那位聽眾開始講起自己的經歷（跟講者一樣有留學經驗、是雙母語者等），問題卻非常簡單，根本不需要那一長串的經歷介紹。

第二位提問的女性總共講了一分半左右。

結果，講者簡短回應了第二位聽衆的問題之後就說：「眞的非常抱歉，因爲時間的關係，問答就到這裡結束。」第三位聽衆的提問被省略了。

講者很有國際觀、親切感，演講的內容也很有趣，所以當講者因爲時間關係，不得不結束演講時，不只是我，其他的聽衆一定也覺得很可惜。

這個事件讓我再次體會到，在演講中提問，應該要隨時意識到「問題需言簡意賅，把時間留給講者回應」「除了自己之外，還有別人想問問題」的重要性。

雖然我也登台擔任過講者，但可能因爲演講的題目大多是「表達技巧」「話術」「溝通技巧」，所以不曾碰過聽衆提問時滔滔不絕、講超過一分鐘的情況。

提問的那一方留意時間固然重要，但回答問題的那一方，如果能這樣事先傳達一定能立即見效：「很抱歉，因爲時間有限，請大家提問時盡可能簡短。我們想讓更多人都能問到，還請大家多多幫忙。」

順帶一提，我建議提問時間要盡量控制在二十秒以內。

「二十秒」聽起來好像很緊湊，但慢慢講也可以在二十秒內說完以下內容，你也試著唸唸看。

【二十秒提問例】

①謝謝您今天精采的演講。我叫鈴木，做業務快要十年了。請問您與客戶交談時，最重視什麼？

②我叫渡邊，很高興今天有這個機會跟○○老師直接請教，我很感動。想請您分享一下，四個人左右的遠距會議的成功祕訣。謝謝。

③您好，我叫田中，目前在靜岡擔任小學六年級的導師。我的班級上，有很多孩子喜歡在大家面前發表意見，想請您分享能打動人心的表達方法。請分享一些就算是孩子也做得到的表達技巧，謝謝。

因爲很重要，所以我再重複一次，在演講、培訓、社區或學校家長會等場合，就算是提問的時間，也最好不要滔滔不絕地高談闊論。

假設在提問時必須提供背景資訊給回應者，「在我提問之前，請容我先簡單說明一下現狀」，像這樣事先說明，其他想提問的人也能夠理解。提問者講的內容也有值得學習的地方，所以並不是一定要在二十秒內說完才行，但要知道，有些人的想法可能是「我不是爲了聽你說話特地請假來參加這個講座的」。

尤其是付費的講座或研討會，大家都希望CP值越高越好，因此每個人都很積極主動。大家應該都想問講師問題、交換意見，期待在那個場域獲得更多刺激。

正因爲如此，絕對不要在問答時間，問冗長的問題或是滔滔不絕地介紹自我經歷（只要提到自己的姓名、職業就夠了）。

我就看過有男性經營者，在講座的問答時間，針對自己從創辦公司到克服重重困難的成功故事講了一分鐘以上，「我自己也是經營者，經營公司約三十年，某上市大公司是我們的客戶，公司員工人數有……」

那樣的人缺乏從客觀立場表達意見的經驗，雖然談話內容很好，但聽起來只讓人覺得他在炫耀，反而很吃虧。

即使眞的有很多經驗，也不要在不是自己的場子滔滔不絕，謙虛提問看起來比較有智慧。

俗話說「眞人不露相」，越有智慧的人，越不會在大家面前大發議論。

除此之外，我在提問時經常從兩個角度來思考，「這個資訊，是不是只有自己想知道」跟「這個問題的答案，除了自己以外，還有沒有其他人也想知道」。

如果是前者，可以私底下問就應該盡量在私下問；如果沒辦法私下提問，就盡可能不要花掉講者太多時間。

簡單明瞭地提問，照顧到其他人的感受，能讓你看起來更有智慧，也可以創造與其他人交流的機會，讓別人想找你說話。

要「協調」，不要「強調」

「我這個人很活潑！」「我不適合結婚，所以……」「我很容易寂寞。」

你有沒有遇過，你沒問，對方突然「我這個人就是○○」或是「我是個容易○○的人」，刻意提出聲明的人呢？

自信滿滿做這種聲明的人，會給人留下「希望別人了解我」，有強烈認同需求的印象。

雖然這種人的個性可以說活潑開朗，也不至於失禮到哪裡，但別人沒問，其實也無需刻意張揚。

搶在前頭聲明自己喜好或個性的行爲，不僅是「你要配合我」的企圖若隱若現，同時也隱含著希望別人了解自己、關注自己，強迫他人接受自己的蠻橫態度。

而且會在「人」或「個人」上頭大做文章，若有似無地暗示些什麼的人，感覺平常就會因爲一點小事而小題大作。

「我算是積極主動的人」「我不拘泥於結婚這個形式」「我喜歡跟朋友一起，勝過自己一個人」等，像這樣委婉地表現，然後問「你覺得呢？」把球丟給對方就可以了，但是用「我這個人就是〇〇」表現的人，卻占了大多數。

站在溝通顧問的立場，我跟別人見面時，會把所有精力都集中在對方所說的話上頭。

私生活裡，我跟朋友或是孩子同學的家長相談甚歡時，會稍微比較放鬆，但絕對不會鬆懈。

私生活與工作最大的差異就在於，我是否站在引導出對方眞正想法的立場上。

在私生活，我會配合對方散發出來的訊息，以和爲貴爲原則，適度加入幽默的元素，從「協調」而非「強調」的角度來同理對方，用對方覺得舒服的方式來往。

我之所以不會在別人面前說「我這個人就是〇〇」，是因爲有誰會想知道這種自我中心的聲明？

你是什麼樣的人，透過對話，讓對方自由地去感受就行了。

「我遲到了」不是道歉

不懂得爲別人著想的人，跟希望別人早點忘記自己過錯的人，有個共同的表達方式。

比如說，明明遲到了，抵達之後卻完全不道歉，只說「我遲到了」。

「我遲到了」不是道歉，只是在報告狀況。

一點也不覺得不好意思，連一絲歉意也感覺不到。

如果遲到的人，把遲到的過錯輕輕帶過，會在別人心中留下不誠實的印象。

誰都可能犯下遲到的過錯，但我認爲，如果是自己邀請別人，就一定不能遲到。

有些人在遲到時，會把對方說的「沒關係」，不假思索地當作是眞的，得意忘形地馬上轉移話題。

遲到的那一方，可能覺得鬆了一口氣，「喔，太好了。成功把遲到的事情含糊帶過。」但是人家嘴巴說沒關係，心裡可能在想：「對方會怎麼回應呢？如果他好好地道歉，就算了。」有可能其實是在給遲到的人最後一次道歉的機會。

這是以前我參與異業合作專案，六人小組集合時發生的事情。

在會合的當天，包含我在內，小組當中的五個人都在約定時間的前五到十分鐘抵達。

結果第六個人遲到了十分鐘以上，一看到我們不是先道歉，而是說：「我走錯路了！轉錯巷子……」

大家對那個人說的「我走錯路了！」沒有任何反應，接著有人打破沉默：「那我們趕快開始吧。」氣氛才回到正常。但我記得，那時心裡想著「該說的就只有你走錯路了嗎」，而感到不平。

這裡再強調一下，誰都有可能遲到，就算再怎麼早出發，也可能會遇到意外。

還有，想趕快轉移話題，讓周遭的人忘掉自己的過錯，這樣的想法也很正常。

但是，該道歉時就應該道歉，好好地向對方表達歉意，獲得原諒，這個過程是必要的。如果覺得不道歉，在別人心中留下不誠實的印象也無所謂的話，當然另當別論……

發生意料之外的事，給別人添麻煩時，我們應該要先向對方說什麼呢？

唯有眞誠地面對給對方添麻煩的事實，向對方說非常抱歉，好好地表達歉意的人，才能夠在各種場合抓住機會。

因爲比起含糊帶過自己的過錯，誠摯地道歉可以獲得他人的信賴，甚至比沒犯錯時還要多更多機會。

聽到「好棒喔」，要提高警覺

觀察沒禮貌的人，可以發現他們有個共同點，就是講話常常充滿負能量。

比方說，說話經常瞧不起人的人，當別人說「我有親戚在某某大學念書」時，他會若無其事地說出各種讓人感到不可思議的回應，例如：「某某大學，就是那個董事長有職權霸凌爭議的那所學校嘛。」「最近大學畢業很難找工作，聽說就算畢業了，也有相當高的比例成爲家裡蹲。」

會講這些話，代表他一點也不尊重對方。

我相信，本書的讀者應該不會說出那種失禮的話，這裡只要留意一個地方，就可以避免成爲沒禮貌的人。

那就是，先肯定對方說的話，例如：「這樣啊」「你說得對」。

在用自己的經驗和價值觀，評斷對方的發言之前，先以溫和的表情、抑揚頓挫的語調回應「這樣啊」，不帶任何成見且有禮貌地接受對方所說的話。

就算你對他人的發言有什麼意見，先以「謝謝你跟我分享寶貴的想法」的心情，接受對方說的話就對了。

另外，如果對方的發言是值得恭喜的事情，例如：「我考上大學了」「我其實換工作了，換到以前就一直很想做的出版業」等，必須馬上恭喜對方：「哇，太棒了，恭喜你！」

假設對方的發言是類似這樣的內容：「其實家人最近過世了」「我先生被裁員，現在失業了」，回應「這樣啊……」的時候，試著把聲音壓低，語尾拉長兩秒鐘左右。

當對方垂頭喪氣，你不知道該說些什麼時，眞誠接納對方所說的話，就能將心意傳達給對方。

而多餘的話，便是前面「就是那個董事長有職權霸凌爭議的那所學校嘛」這種沒常識到極點的發言。

下面是以前我的著作獲選爲日本《經濟新聞》週六文藝版新書排行榜前十名

時，所發生的事情。

對作者來說，能夠獲選進入排行榜，是非常特別且光榮的事。

就在我透過通訊軟體向大家表達謝意時，某位熟識的企業經營者傳了一句訊息給我：「一起加油！」

看到那個訊息的瞬間，我只覺得失落，而且感到非常不對勁。

如果我們立場對調，當對方有値得祝賀的事情時，我一定是先恭喜對方，例如：「太厲害了！恭喜你。你總是比別人努力。」

對方之所以會迸出「一起加油」，是因爲他想表達「努力的不只有你，我也很努力」。

如果對方眞心想表達「好厲害！」「恭喜！」的話，只要說「恭喜！之後我也會爲你加油」就夠了，不是嗎？

此外，有些人聽到別人說「我最近開始每天慢跑」「我開始自己做便當了喔」「我自己做了口罩」「我捐款給醫療機構了」，會回應「好棒喔」。

這跟對小朋友說「你會幫忙做家事，好棒喔」不一樣，如果對身分地位比自己高的人說「你好棒」，聽起來會有點瞧不起人的感覺。

「眞是太優秀了」「要做到那樣眞不容易」（所以您非常厲害）、「這眞是太完美了」「太敬佩您了」等，這樣表達可以展現你的胸襟和誠意。

第三章

有禮貌的人
打遍天下無敵手

你能為「後面的人」設想嗎？

針對日常生活的行爲，我想請教一個簡單的問題。

平常你在進出公司或建築物時（例如百貨公司、超市、便利商店、醫院等），一下下也算，你會回頭確認後面有沒有人嗎？

如果有人爲後面的人開門，應該不分男女老少，都會不禁在心中說：「這個人實在太優秀了！」

而這時，向幫忙開門的人說聲「謝謝」，那短暫卻溫馨的交流，很多人都很喜歡吧。

現在因爲新型冠狀肺炎的關係，大部分的人都會保持距離、不會靠太近，但是在進出時，爲下一個人開門的幾秒鐘行爲，是應該繼續保持的禮節。

此外，你有沒有遇過這種經驗呢？在排隊等結帳時，前一個人花了不少時間在找零錢或集點卡，你心想「還沒好嗎？」感到不耐煩。

但這時，如果那個人對店員說了聲抱歉：「不好意思，花了點時間。」然後在結完帳離開收銀檯前，跟下一位等待的客人點頭致意說：「不好意思。」久候所產生的不耐情緒應該會一掃而空吧。

也就是說，等待所產生的心理壓力，可能會因為對方的言行，變得更大或更小。會在意後方的人，其行為是立基於「想成為言行舉止恰當、得體的人」「不想給別人添麻煩」這兩種想法之上。

但不是任何時候都必須幫下一個人開門。

你覺得是為別人好，幫後面的人開門，卻害那個人必須從離門兩、三公尺的地方急急忙忙趕來，這反而是給人添麻煩，必須多留意。

這就跟開車禮讓行人時是一樣的。開車準備通過沒有交通號誌的斑馬線，看到推著嬰兒車的媽媽，或是提著重物的人，停下來讓他們先過的時候，因為有些路人看到車子在等，會感到緊張焦慮，所以我都會輕輕點個頭，笑著比個「請」的手勢。

話說回來，我也曾遇過這樣的事情。

這是我前往某企業提案時遇到的事。

跟企業培訓的負責人開完會，就在我準備離開的時候，從另一側走來好幾位男性。

我跟他們點頭致意，把門打開，笑著說「請進」。

回公司之後，當天收到培訓負責人的電子郵件。

上頭寫道：「吉原老師離開時，剛好敝公司的董事們回來，董事們對老師的言行舉止讚賞不已。也因爲如此，這次培訓的提案順利審核通過了，很高興通知您這個消息。」

因爲工作的關係，至企業拜訪時，我都會把遇到的所有人當成是客戶，避免做出失禮的行爲。

不過那個小插曲，成了客戶放心把培訓案子交給我的契機，即使是偶然，也讓我非常開心。

還有一次是，透過我的事務所介紹，派了一位女講師前往企業進行新人培訓後，負責的窗口寫了一封郵件過來。

上面寫說：「某個學員和○○老師一起在洗手間時，看到老師順手把原本沾在洗手檯上的頭髮沖掉，『老師在課堂以外的地方也這麼優秀出色』，讓她非常感動。」

我把那封信跟當事人說了之後，「沒想到他們竟然注意到連我自己都沒注意到的地方，好開心！」她眼睛閃爍著光芒。

這位講師考量到下一位使用者的感受，爲了讓下個人使用洗手檯時感到舒適，平時就養成看到洗手檯上有頭髮或粉餅的粉粒時順手沖掉、保持清潔的習慣。

如果一離開培訓場地，馬上失去笑容、不打招呼、忽視周遭人的感受，那樣的態度會讓人覺得「看來這個講師也只是做做表面工夫而已」，培訓課做得再好，也沒有說服力。

就像俗話說，「習慣是第二個本性」，如果平時的習慣會塑造我們的人格特質，跟那位女講師一樣，平常就多做點好事，養成爲他人著想的習慣，應該可以提升不少品格。

想必你也有不少非常好的習慣，但如果還沒養成爲後面的人著想的習慣，請務必從今天開始做做看！

NG的指路方式

初次拜訪友人，或是到餐廳、培訓或演講的場地，問人該怎麼走的時候，常常讓我感到很困惑。

對方只跟我說：「從最近的車站出來，走一下就到了。」但是從最近的車站下車後，有四個出口，然後從剪票口到地面上的出口要走七分鐘；對方幫我指路說：「就是一樓有便利商店的那棟大樓。」但是統一超商和全家都在隔壁，讓我非常困惑。

用Google地圖，直接把前往某地的路線傳給我，當然也是很感恩，但如果能夠提供地圖上沒有的實用資訊，會更有幫助。

比方說像這樣的資訊：「敝公司大樓的正門，在住商混合大樓稍微裡頭一點的地方。我們這棟大樓的前方，擺有畫著粉紅色櫻花的落地式招牌架『櫻花藥局』，不好意思我們公司有點難找。」

「如果您是從銀座線的新橋站搭車，搭乘行進方向最前頭的車廂，離二號出口最近。」

「您來訪那天，剛好是大樓電梯預定檢查的日子。不好意思要麻煩您爬樓梯到三樓。」

若對方說：「我們就在花店旁邊。」但如果約的時間花店還沒開或是公休，對覺得「只要找到有花擺出來的地方就好」的人來說，這個資訊非常不貼心。

有些人可能會想：「好龜毛啊。要去的人，應該自己查。」「又不是去什麼偏僻的地方，有必要做到這樣嗎……」也有些人的確能夠毫不費力地自己查好路線，輕鬆抵達目的地。

但另一方面，有些人可能跟我一樣不擅長看地圖，也有些人不會使用智慧型手機。

正因爲如此，以前面的指路例子來說，如果能提供只有在地人才知道的具體資訊，會讓人感到格外親切，例如：「一樓有便利商店的大樓有兩棟，我們公司是有全家的那一棟。」最後再補一句：「當天路上小心，期待您的光臨。」

這樣做，別人就會覺得你這個人很貼心，能夠站在別人的立場思考、願意做別人不願做的事，讓你從只提供一般資訊的群體中脫穎而出。

從結果來看，**貼心能夠幫助你往上提升一個層次**，例如：對方對你的印象，從這個人很細心，提升到想跟這個人持續來往。

只要像這樣多留意一些小細節，能夠貼心地提供實用資訊的人，就能與對方建立起有難時願意伸出援手的信賴關係。

在必須與新冠病毒共存的當今社會，過去認爲理所當然的事情，在以「健康安全」爲優先之下，漸漸變得不那麼理所當然了。

比方說，我常去的美容院爲預防感染，停止了提供雜誌和飲品的服務。

有些人因爲燙髮或染髮等，需要在美容院待上近四個小時，因此事先告知客人「很抱歉，飲品要請客人自行攜帶」，要比當天跟客人說「我們停止了○○的服務」來得重要。

「事先傳達這個資訊給對方，應該很有幫助」「如果沒告知這個資訊，對方應該會很困擾吧」，像這樣養成預測問題的習慣。

另外，如果有機會跟朋友出去，或是和客人在外頭開會，預設對方可能忘了戴口罩、口罩弄髒、耳掛斷了等情況，隨時準備幾個備用口罩放包包，有什麼狀況時就可以拿出來給對方，「有需要的話，請用」，對方搞不好會因此對你的細心體貼，留下深刻的印象呢。

做個能夠「超前部署」的人

這是某個冬天，孩子的幼稚園舉辦搗麻糬大會時發生的事。

我和其他沒辦法擔任志工的家長抵達會場，向擔任志工的家長代表打招呼道：「謝謝你們在這麼冷的天氣來幫忙！」

當時，一位志工媽媽說：「〇〇告訴我：『蒸煮糯米的釜鍋冒出來的煙會沾到衣服上，不要穿太好的外套來喔！』所以我今天穿了沾到味道也沒關係的外套！這個資訊眞的非常實用，幫助很大。」

能夠注意到蒸煮東西時的煙霧，事先提醒負責的志工媽媽，讓人不禁爲那個人的細心感到敬佩。

另外，這是我跟另外五位朋友，送某位朋友生產賀禮時的故事。

其中一位負責統籌的朋友，傳了一封訊息給大家，「明天請帶一千兩百元給總召。」隔天，有人預想應該需要找零，幫大家準備了不少百元鈔。

大家都異口同聲讚嘆：「眞不愧是○○！謝謝你！」

想成爲能留意細節的人，就必須養成站在他人的立場思考、善用五感，發揮想像力、預測未來的習慣。

順帶一提，就算注意到細節，如果是這樣表達：「你要這樣做才行。」「連這種事你也不知道？」不用說，當然非常沒禮貌。

發揮想像力，預測對方在未來可能會遇到什麼問題，便能夠發現可以讓對方開心，而且對人有幫助的小細節。

如果你能讓人常常說出「多虧了○○，讓作業很快就結束了」「如果沒有○○的建議，工作恐怕還沒結束」等的話，對別人而言，你就會一直是不可或缺的存在。

在乎那些細微末節的小事

家人有時會覺得我很「龜毛」。

例如我會對父親說：「既然知道我要回老家，至少該把拖鞋擺出來吧。」或是悄悄地請弟弟：「不要對我家孩子說『眞假』『靠邀』這類年輕人的用語喔。」

弟弟在路上跟巧遇的熟人打招呼時，我會指正他說：「你剛才打招呼的方式，可能會讓人覺得有點冷淡耶。」

這樣看下來，有些人可能會覺得我對家人造成了不少壓力吧。

跟隨興的家人相比，我會有意識地觀察別人的言行舉止，並做出回應。

「妳這麼龜毛不覺得累嗎？應該說，我看了都覺得累！」你說得沒錯（笑）。

但家人知道我的個性就是這樣，他們很擅長閃避我說的話；而且或許是家人的心理素質本來就比較強韌，他們也常常回嗆我，或是以幽默的方式回應，彼此你來我往、關係融洽。

如果要我活得更隨興一點，不去在意那些細微末節的事情，我可能會越想越在意。

不過，正是因爲這樣的性格，讓我成爲形象顧問和講師，並出版書籍，雖稱不上穩定，但能夠以此維生，我感到很自豪。

如果我跟家人一樣隨興（或是說有點隨便!?），感覺不到周遭人言行舉止的不對勁，我也不會選擇這份溝通表達的工作了吧。

雖說如此，考量家人的心理健康，在傳達「龜毛」的要求時，我都隨時提醒自己要注意表達方式和頻率。

只要在表達方式上多下點工夫，然後在傳達後隨即補上愛的話語，對方絕對不會因此而疏遠你。

「龜毛」讓你看得比別人更遠，讓你能依據對方的言行，給予他人幫助、鼓勵，並提供具體的建議。

「龜毛」也讓凡事皆可快速應變、做好準備，避免許多不必要的失敗和損失，利多於弊。

無論是與人來往交際的方式或是禮儀，也都是同樣的道理。即使是看似雞毛蒜皮的小事，只要積極篩選，做出對人有幫助的建議或行爲，對方一定會對你抱以感激之情。

【那些重要的雞毛蒜皮小事】

- **看到認識的人，馬上主動打招呼。**

比如說：「○○，早安！」「○○，辛苦了。另外，謝謝你前幾天送的伴手禮！」「○○，謝謝你上週幫我製作資料，眞是幫了大忙！非常感謝！」除了打招呼之外，可以順便表達謝意。

- **不要把手或其他物品擺放在別人給你的資料、借給你的資料或書上頭。**

不知不覺把手和手肘，或是手機放在別人給的資料或書上的情況意外地多。有些人也會把別人給的或借的東西，墊在下面寫字，這一點也要多留意。

• **電梯來的時候，先讓他人搭乘**。

如果電梯沒有其他人，可以自己先進電梯，幫忙按著「開門」的按鈕（讓其他人先進電梯也行）。如果電梯裡有其他人，而且有人幫忙按著開門的按鈕的話，說「你先請」，讓別人先進電梯，然後向電梯裡幫忙按開門鈕的人點頭致意或是道謝。

• **搭手扶梯時，選擇靠近地面的位置**。

跟別人一起搭手扶梯時，不要站在俯瞰對方的位置。另外，有些人不太喜歡自己的腳踝被人看到，所以盡量站在視線不會落在別人在意部位的位置。

【從見面到一起用餐時的案例】

• **見面時，當對方比你早到，先向對方致謝**。

雖然也要視你與對方的關係而定，就算彼此是朋友，一句「謝謝你等我這麼久」，可以讓對方了解你重視他的心情。雖然有些人不會表示什麼，只說「我們走吧」，但是從「謝謝」開始的溝通，心情比較舒適愉快。

・確認冷氣的風口是不是直接對著人。

當別人坐在靠近門口較吵雜的位子時，我會問對方：「你要不要換位子？」冷氣不冷或風太強時，我會說「我去請店員來看看」，採取行動。

然後，我會在開始用餐前，遞濕毛巾或餐具給對方時，不著痕跡地給予對方正面評價，例如，如果是對方預約的餐廳，我會說「這裡的裝潢擺設眞棒」「這個椅子好軟，坐起來好舒服」等。

・自己選擇客位。

進餐廳後，觀察哪裡是主位，哪裡是客位，貫徹以對方爲優先的原則。「○○，這裡請。」直接請對方坐上主位，或是自己若無其事地去坐客位，不出聲也能引導對方坐主位。

另外，考量通風的好壞，也可以問對方：「你要不要坐靠窗的位子，比較通風。」

・點餐時，讓對方先點。

如果菜單只有一張，就由你拿著菜單，取個方便瀏覽的角度，當對方決定好要點什麼時，就請店員過來點餐（如果是工作，可依據彼此的身分立場；如果有男有女，就由男性積極行動）。店員來點餐時，讓對方先點，「〇〇你先。」

・留意對方攜帶的物品。

到座位後，問對方：「你那裡有地方可以放紙袋嗎？」「要不要問一下店員哪裡可以掛大衣？」結帳時，提醒對方：「東西都帶了嗎？」問對對方有幫助的問題。

・走路聊天時，也留意周遭路況。

「後面有腳踏車過來，我們靠這邊走」「這裡有點危險，我們再靠邊邊一點走」，行走時留意周邊，提醒對方。

有些人可能會覺得，「要隨時留意這麼多細節，我會筋疲力盡」「被這樣提醒，對方搞不好會覺得很累」，但那是實際做了之後的結果嗎？

想像並未發生的事情，而選擇不做，豈不是太可惜了。

替對方著想，用心溝通，彼此一定能相處得很愉快。

我自己跟重要的朋友和工作夥伴來往時，也是依循著以對方為優先的原則。看到他人愉快的樣子，我也很開心；而且當我知道，對方也想為我做些什麼時，就會覺得彼此的距離變得更近了。

這些細微末節的小事，最好做得自然不刻意。比方說「你先請」，禮讓對方時，自然慢下腳步，讓對方先走；或是掌心向上，用手勢催促對方前進的同時，以柔和緩慢的語調說話，可以讓對方感到舒服自在。

如果彼此都是以對方為優先的同類，當對方禮讓了自己，就不用客氣，接受人家的好意，下次有機會，再禮讓回去就好。

不用擔心會不會太刻意做作。

因為只要是為了眼前的人，實際付諸行動，就算笨手笨腳也能打動人心！

讓人瞬間充滿幹勁的魔法話語

這是我參加田徑隊，練習跳遠時的故事。小學時，運動神經發達是我唯一的長處。

某天我在練習跳遠，腳著地之後，登記測量紀錄的新任老師大聲喊道：「今天是零！」

也就是說，老師認爲這天跳得不怎麼樣，所以告訴我測量的距離是「零」。

那種說法讓我大受打擊，我死命地忍著不讓眼淚掉下來。

雖然老師不是故意想傷害我，也說不上是什麼心靈創傷，但是過了十多年，那個回憶至今仍然無法忘懷。

「紀錄是零！」有些學生被這樣說，或許能化悲憤爲力量，進而成長；但我則是相反，感到非常沮喪，從那一天開始，變得很討厭跳遠。

我跟田徑隊的領隊H老師說了那件事情之後，H老師微笑著說：「吉原，原來發生這樣的事啊。」老師接著鼓勵我：「那眞的很傷人。如果老師被那樣說也會很受傷。妳再努力看看。一定可以激發出更多的潛能！」

我希望大家關注的地方是，H老師鼓勵的話：「一定可以激發出更多的潛能！」當中「更多」這個詞。

假設沒有「更多」這個詞，H老師只說一定可以激發出潛能，聽起來就會像是過去的潛能是零，但只要現在開始努力，就可以激發出潛能。H老師可能對我充滿了信心，「我知道妳一直都很努力」，而且爲了讓我對未來感到希望，所以加上了「更多」這個詞。

我們很容易忽略掉「更多」這個副詞，但是它的效果卻非常大。

除了「更多」之外，還有其他也很有用的副詞，可以配合對話的內容和狀況，多加利用。

【利用副詞換句話說】

①**更加**。

「祝您飛黃騰達」→「祝福您今後更加飛黃騰達」

加上「更加」，會讓人覺得，對方已經相當成功了，而你祝福對方有更加成功的未來。

②一**直**。

「加油」→「我會一直爲你加油」

「一直」這個副詞，能讓對方感受到，不只是現在，未來也會持續，毫不猶豫、一直爲對方加油的心情。

③**更**。

「修改這個地方，可以增加說服力」→「修改這個地方，更有說服力」

現在的版本也很有說服力，但修改一些地方，會「更」有說服力。這樣表達，能讓對方對修改不感到抗拒。

「更」「更加」這些詞彙，對有上進心或積極向上的人而言，非常有效；但是對沒什麼自信的人來說，會給他們帶來壓力，「我已經很努力了，還能怎麼辦？」

所以，遇到這種人可以跟他們說：「維持現在這樣也很好。」

話說，有位友人接到某出版社合作邀約的郵件，想將他過去出版的書文庫化。

「希望能讓文庫書的魅力發揮到最大，讓這本書煥然一新、成爲一本好書。」

「還信中熱情滿溢，但是「成爲一本好書」，聽起來好像有這本書現在「不太好」不是本好書」的意思。

如果對方是說「讓這本書變得更好」，加上「更加」或是「更」等詞彙，不但不會失禮，聽起來也很舒服。

「拜託」「一直」「更」「歡迎」「懇請」等，都是很有用的詞彙。

在公司內部或孩子學校，通知活動志工的文件上，寫下「請幫忙」「請參加」的文句，誰都會。

但是，「懇請大家踴躍參與、給予協助！」「恭請您蒞臨參與，歡迎您隨時聯絡！」這種熱情滿溢地歡迎對方的表達方式，會讓人覺得「去幫個忙好了」「想參加」，對吧？

如果過去你從未使用過這些詞彙，從今天開始，在說話時試著更有意識地使用看看。

看到認識的人來了，馬上站起來

請試著回想一下，過去在等候某個重要人物的場景。比方說：你是應徵者，在公司的等候室等待；等候著潛在交易對象或客戶；或是你有想拜訪的人，坐在餐廳的椅子上等候對方。

這個時候，只要留意一個小地方，就可以爲正在等候的對象帶來有禮貌、有自信的印象。

那就是一看到對方，馬上起身站起來。

你是這樣做的嗎？不坐著等對方坐下，而是當注意到對方出現、看到對方走過來，或是跟對方對到眼的時候，就馬上站起來，看著對方的眼睛，大方地打招呼。

這樣做，不僅會讓人覺得你有禮得體，充滿自信、有餘裕，而且落落大方。

話雖如此，我二十多歲的時候，工作上跟別人見面時，對方來了之後，我還是若無其事地坐在椅子上，抬頭看著對方說：「啊，您好。」對方看到我坐在椅子上沒有起身，可能會覺得我這個人很自大。

那時的我，對坐著打招呼一點也不覺得有何不妥。

一直到獨立創業，成了培訓講師之後，與人接觸的機會變得比以前多很多。

跟著講師前輩同行，一起到客戶端開會時，前輩總是以我們比對方早到爲前提，在位子上等待。當客戶一出現，就馬上優雅起身，把身體面向對方，以溫和的表情，有活力地打招呼；前輩的姿態讓我讚嘆不已，之後也開始模仿前輩的做法。

只要像那樣好好地打招呼，就可以表達感謝對方抽空會面，或是「一直想跟您見面」的歡迎心情；如果對方也這樣打招呼，你也會覺得「他好像很歡迎我前來拜訪，眞開心」「眞是個誠懇的人」，對話的氣氛立即變得更加融洽。

也就是說，起身打招呼這個行爲，會讓全身上下散發出，尊敬對方而且做好了萬全準備的氣息。

不久前，我熟識的編輯與兩位大作家進行了對談式的訪談。

編輯和大作家A提早抵達會談的房間時，發現大作家B早已在房內等候，他們兩個人一進到房間，大作家B馬上就站起來，熱情又穩重地跟他們打招呼。

大作家B的行爲讓編輯非常感動，「即使上了年紀，依舊翩翩有禮，迎接任何人都從椅子上站起來。我不確定我過去是不是都有做到，但今後也想向他看齊。」編輯的那番話讓我印象深刻。

就像俗語「稻穗越飽滿，頭就越低」所說，有聲望的大作家，可能就連日常生活的言行舉止都非常謙虛有禮。

順帶一提，有些人可能認爲，應該要由地位較低的那一方先起身迎接，而非地位較高的一方，但我思考後得到的結論是，「先察覺到的人先起身」。所以無論對方的身分地位如何，只要察覺到我就會馬上起身打招呼。

如果雙方是熟識，省去起身的動作當然沒有什麼問題；也可能會遇到腳或腰疼痛，或是站起來坐下時可能會干擾到隔壁座位的人等情況，所以該不該起身打招呼，要視情況而定。

有一次我到餐廳，馬上就跟一位坐在餐桌前的前輩對到眼。她的桌上沒有餐點，我推測應該還沒開始用餐，所以走到她桌前打招呼。

結果，她一看到我，馬上就站了起來，「您請坐！」我馬上跟她說。

「眞不好意思，只有我坐著。」她說。

她看我站著，說了那句話，讓我很感動。

其實我曾經在飯店的大廳看過一模一樣的情境。

有一個人站在桌前，跟一群坐著的人講話超過五分鐘，他從頭到尾都站著。

既然都講了這麼久，請對方坐著講不是很好嗎？我爲那些坐著的人如此不體貼感到遺憾。

像這種情況，有時也會遇到沒有椅子或是空間不夠的狀況，這個時候，應該要像剛才我熟識的前輩那樣，向對方說：「不好意思，只有我坐著。」

表現出成熟優雅的風範。

對坐著的人來說，必須仰望站著的人，脖子很不舒服；而對站著的人來說，視線像是俯視坐著的人，彼此應該都會覺得有點不自在。

如果能考量狀況，選擇對彼此來說最舒適的位置，是最好的。

當你約了拜訪某人、跟人初次見面，例如相親、工作上的關係、跟地位明顯高於自己的人見面等，在這類場合，只要貫徹打招呼時馬上起身的原則，就可以向對方展現你是非常重視禮貌、有幹勁和熱情的人！

「同理心」最能打動人心

某個冬日，我終於從連日發燒的感冒獲得解放，等回過神來已經是月底了。而月底也是公司結帳和付款等期限逼近的時期。

我拖著走起路還有點搖搖晃晃、全身痠痛的身子，來到銀行的ATM前，插入卡片，結果畫面顯示：「非常抱歉，無法讀取您的金融卡。」

我用乾手帕，把金融卡擦了一遍，但試了很多次，結果還是一樣。換了另一臺ATM，卡片還是無法使用。

想到必須到窗口重新辦一張卡，就覺得爲什麼偏偏選在身體不舒服的這天出問題呢……心情非常沮喪。

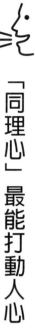

後來我先打電話到銀行確認，帶了印章和身分證明文件，前往銀行櫃檯準備申請一張新的金融卡。

我在窗口說明了來龍去脈，抱著懊惱的心情辦理手續，然後跟爲我辦手續的女行員說：「我明明都很小心使用金融卡……」

結果那名女專員一臉抱歉，以抑揚頓挫的語調回覆我：「您這麼謹愼地使用這張卡，現在卻無法使用，造成您的不便，眞的非常抱歉。」

然後手腳俐落地幫我辦好手續，並說銀行會盡早把新卡寄給我。女行員的態度言行，讓原本覺得到窗口辦手續眞是浪費時間而感到沮喪的我，彷彿被施了魔法般，心情開朗了起來。

各位是不是跟我一樣，有過這樣的經驗呢？別人對你說「你都這麼努力○○了……」之後，心情豁然開朗。

如果那個時候，行員只是聽我抱怨，回覆我「好的，我馬上幫您辦理手續」，離開銀行時，恐怕心情依舊烏雲密布吧。

只是一句同理的話，就能讓對方感受到誠意，爲對方帶來美好的心情。

不過，「你那支手錶才剛買對不對」，這樣講會讓丟了東西的人，回想起討厭的事情，而且聽起來也有點諷刺，所以要多注意喔。

不善解人意者的共同點

從小到大，我身邊盡是細心體貼的人，但我到現在依舊覺得自己尚未達到細心體貼的境界，有時會因此感到焦急難耐。

我時常希望自己能夠成爲在朋友或家人的聚會上，別人還沒開口問「幫我拿一下那個」「還有一雙筷子在哪？」之前，就先察覺到的人。

一次我在餐廳等人，有一群人在爲看似幼稚園年紀的男童舉辦生日派對，熱鬧的場景，讓人看了不禁露出微笑。

生日派對大概有二十幾個媽媽和小孩參加，他們圍著生日蛋糕，正準備拍照留念。

拍了幾張之後，換派對主角的小朋友跟家人一起拍照，受邀參加的媽媽們在一旁喊著「笑一個、笑一個」，想爲他們引導出最佳的表情。

拍了幾張合照後，其中一個受邀參加的小男孩，站到了蛋糕旁邊，跑進派對主角家庭照片的鏡頭裡。

其他的媽媽們溫柔地對那個小男孩喊道：「○○過來這邊。」但是小男生動也不動。結果我發現，有位女性笑咪咪地看著小男孩看得非常入迷，一副「我家小孩眞是可愛」的樣子。那位女性就是小男孩的母親，其他媽媽們發現之後，都一臉不可置信的樣子。

對派對主角的家人而言，孩子的生日是重要的節日，生日派對的照片記錄了孩子的成長，是他們珍惜一輩子的寶物。

爲什麼那位媽媽不早點說，「喂，人家在拍家庭合照，你過來媽媽這裡。」叫兒子趕快離開呢？

結果，過了很久，那位媽媽才不慌不忙地喊道「過來」，牽著小男生的手，心不甘情不願地離開。

看到這番光景，讓我感受到這就是所謂的不善解人意！如果自己做了同樣的事情，光想像就讓我覺得羞愧得不得了。

不善解人意的人，眼中只有自己。

覺得我家小孩全世界最可愛很正常，但是在別人家小孩的生日派對上，看著自家小孩跑進別人全家福合照鏡頭，看得入迷的母親，與其說是漫不經心、神經大條，不如說是傲慢無禮。

另外，跟朋友或同事吃飯時，要多留意擺在自己面前的大盤菜。跟別人一起合點的大盤菜餚，不要一直擺在自己前面，要主動問人要不要吃，讓別人也夾得到菜，或是把菜端給還沒吃的人。

另外，有電話要打的人如果坐在主位，要離開座位打電話時，必須讓其他正開心吃飯的人移動，所以最好一開始就坐在出入口的位子。

如果你跟人說：「我明天開完會後，要直接從東京車站搭新幹線回老家，連假打算跟家人一起度過。」結果當天，對方帶了好幾本你借給他的書，「我想說書早點還你比較好」，或是遞給你一個又大又重的紙袋說：「終於把喬遷禮物送出去了！我想你應該喜歡花，所以買了花瓶送你。」你會怎麼想呢？

沒有忘記還東西、贈送賀禮表示祝福等，都是非常好的行為，但應該有不少人都遇過做事不看時間地點，讓人不禁想吐槽「為什麼是現在？」的情況。

不善解人意的人，未必都是壞心眼、不知道心裡在想什麼的陰險人，大部分看起來都很溫和善良。

然而，不善解人意帶來的結果就是，給人添麻煩、讓人感到不愉快，覺得你是「不體貼的自私鬼」「最好跟這個人保持距離」，讓對方產生戒心。

善解人意的人，跟不善解人意的人之間有何差異呢？這差異非常簡單，就是能不能站在對方的立場，採取正確的行動而已。

這一點也不難，只要問問自己：如果我是對方，我會怎麼想就好。

所以，如果想成為更善解人意的人，在做任何事情之前，最好先站在對方的立場，想像一下他人會有什麼感受，再行動。

如果能做到那樣，代表你已經可以從善解人意的角度來思考了。

之後，只要採取行動就可以了！

善解人意的人，並非什麼都要做，想到什麼做什麼，而是「現在不要做什麼」，是懂得收手的人。

適時聽別人發發牢騷

大家都說「不要抱怨」「沒人想聽你抱怨」「抱怨只是浪費時間」，很多書都這樣寫，想必有不少人也看過。

你可能也很小心，避免在別人面前抱怨。

抱怨的日文是「愚痴」，這兩個字都有「愚蠢」的意思。

說了也沒用的傻事，正是所謂的愚痴，而釋迦牟尼也認爲，侵蝕人類善心的原因當中，又以愚痴最甚。

我自己也盡可能不在人前抱怨，也不怎麼喜歡聽人抱怨。

但我覺得，一點點的抱怨，有時能爲人際關係帶來創造正向的革命情感和笑聲。

所以，即使自己不開口抱怨，當重要的夥伴抱怨起什麼時，聽聽對方發牢騷也沒什麼不好。

雖說如此，抱怨的內容不應包含傷害人或是不道德的事。

如果有人願意聽自己抱怨，當成是玩笑，笑笑就過去的話，就會覺得心情像是吃了定心丸般平靜，也會很開心。

在親近的朋友當中，有很多人都能夠以各種有趣的方式發牢騷。

有一次，孩子的學校家長會例行會議結束時，朋友A笑著走向我說：「珠央，辛苦了！妳臉上寫著『會議有夠長！』喔。」

「什麼，我的表情這麼明顯嗎？我還在心裡提醒自己要笑的說（笑）。每次講的內容都跟發的資料一樣，讓大家自己讀不就好了。但老師們都很棒就是了。」我說。「真的，我可能也寫在臉上！」對方配合我的抱怨，笑著回應。

假設我抱怨道：「家長會的會議也太長了吧!?」對方沒應和我，而是回以正論：「沒辦法，這是學校經營上必要的會議」，或是「對啊」輕輕帶過的話，就算對方說得一點也沒錯，但我的感覺可能不會太好。

當對方針對會議開太久小小抱怨一番時，如果能夠心有戚戚焉地回應：「要不要做點伸展？」「雖然學校準備這些也很辛苦，但每次內容都一樣耶」「雖然很熱情，不過話太長了」等，可以讓人感受到溫柔和靈活性。

如果不覺得會議時間長，當然不需要勉強自己應和對方所說的話。

另外，如果遇到「會議有夠長，眞的很討厭耶！」語氣較爲強烈的人時，這樣回應對方，說不定能把對方逗笑：「我都在想其他事情，所以不覺得時間很長！」「總之，保持假笑吧，來笑一個！」

誰都不希望自己發小牢騷時，被人回以正論、說教或是駁斥。

我覺得，只要不是充滿惡意或是違反常識的抱怨，對於不小心說溜嘴的牢騷，與其否定或是說教，不如換個幽默的方式，或是關心一下對方，例如：「你時間來得及嗎？」這樣與人相處起來會更融洽。

「爲什麼課長講話總是話中帶刺呢？」如果同事這麼說，而你也有相同感受，「我也常常被刺到」像這樣附和同事的牢騷，彼此笑一笑，應該也能達到抒發壓力的效果。

不過，就算課長說話可能眞的話中帶刺，但發牢騷的人或許也有問題。

這時，我建議與其伸張正義，糾正對方說：「課長不是那種人啦！」不如從一般的觀點回應：「對啊，眞希望課長講話不要這麼酸！」或是「原來他講話這麼尖酸刻薄喔？」把焦點放在講話很酸，以不否定課長這個人的方式聽對方抱怨。

更進一步地磨練自己的反應能力，以幽默和包容力回應別人小小的牢騷，可以更加珍惜重要的人，並爲他們帶來活力。

即使是講話容易緊張的人，只要平時多做意象練習，就能夠馬上做出回應。

如果有人爲了讓你開心而付出，你也會想爲對方做些什麼。馬上從今天開始，練習用幽默回應牢騷吧。

別忽略不對勁的感覺

在過去的經驗中，讓我的心跳差點停止的前五糟糕事件之一，是二十多歲時在巴黎遭遇到的事。

這是我去找在巴黎生活超過三年，法語已經相當流利的友人玩時發生的事情。

我和居住在巴黎的朋友，一起去位於歌劇院區的百年老店春天百貨公司。

劇院區是世界各地遊客必訪的時尚購物天堂，可以說是日本的銀座。

逛了一陣子之後，有個二十多歲的歐洲面孔年輕人走過來向我們問路。

他打開地圖，一邊指著地圖，一邊用有點破的英語問我們：「我想去這個地方，要怎麼走？」

對巴黎熟悉的朋友很熱心，開始說明了五秒鐘之後，我不由得開始上下打量那個年輕人。

結果，年輕人另一隻沒拿地圖的手，竟然探進朋友的包包想摸走錢包。

我馬上大喊「喂！」，跟朋友說「他想偷妳的錢包」。那個年輕人一副被抓包嚇到的表情，看著我說：「I don't know」（我不知道妳在說什麼？），然後混入人群中消失了。

所幸錢包沒有被扒走，但是朋友似乎受到不小的打擊。

雖然最後是以竊盜未遂告終，但是在發現對方行惡的瞬間，「如果對方身上有武器」「如果對方攻擊我們」，我的腦中如跑馬燈般，浮現出接下來可能發生的最糟情況，害怕和緊張的情緒讓我全身發冷僵硬，那個感覺到現在都還記得。

其實在那個年輕人拿地圖靠近我們的同時，我注意到還有一個年輕人，站在距離三公尺遠的地方瞪著我們。

總覺得哪裡怪怪的，這個小小的預感，讓我不由得上下打量問路的年輕人。那個時候沒有受害，可能只是運氣好，但過於信任問路者，而失去戒心、鬆懈的人，可能比想像得還要多。

「該不會是……」，這種討厭的預感或是直覺，應該很多人都有過。

自從那次經驗，我現在常常觀察別人的言行舉止。

【觀察對方時的要點】

- 微笑時表情的細節。（是不是不只嘴巴笑，眼睛也在笑呢？）
- 比平常還要多話，或是還要沉默。（如果話很多，可能是有不想被問到的事情，或是有想隱瞞的事情，所以在轉移注意力。沉默則表示有心事或存有戒心。）
- 打招呼時，聲音的渾厚度、大小、高低。（如果感受到極大的壓力，或是有煩惱時，呼吸會變淺、聲音變虛弱。）
- 眼神飄移不定。（表示注意力在眼前以外的事物上，或是在意周遭人的眼光。）
- 打招呼的長度，以及眼神接觸時的長度。（如果想跟對方說話，兩者的時間均長。）
- 常嘆氣，或是「唉」聲不斷，（可能有失敗、擔心、討厭的事情，累積了不少疲勞。）
- 頻繁觸摸臉部和頭髮。（靜不下心，或是感到不安、有壓力。）

•頻繁換腳或變換坐姿。（覺得無聊，想早點回家。）

不是每一次都可以發現上述列舉的要點，但如果對方看起來好像有點累、好像很緊張，就可以說「嚴肅的話題下次再談好了」「問個好回答的問題好了」「我再多笑一點」等，依據觀察到的事實應用在對話上。

有意地觀察對方的姿態、用語、舉止，能夠讓你的五感更加敏銳，察覺到不容易注意到的小細節。

搞清楚自己需要什麼樣的貴人

失去工作、失去收入的話該怎麼辦？很不安。大家應該都想過這類問題吧？

如果看到標榜著「創業、副業，讓你月收百萬！」的廣告，而不由得感到焦躁不安，可能會產生這樣的迷思：「收入必須一年比一年多才行。」

我們究竟需要什麼呢？

我認爲，不是每個人都必須年收破百才行。

我的商業頭腦並不突出，也沒有什麼特殊技能。

辭去上班族的工作，二十五歲成爲自由工作者，收入勉強還過得去，但我之所以能夠繼續做目前這份工作，並不是因爲有很多客戶。

我分析出來的結果是，因爲我找到眞正需要的貴人，取得了他們的信賴，同時也跟少數值得深交的夥伴，維持良好的關係。

我平時主要的工作是針對表達技巧給予意見和訓練，而找到十位眞心想解決問題的客人，比吸引一千個覺得有點興趣的客人，更能夠做到生意。

也就是說，要找到自己眞正的貴人，把所有精力都放在那些人身上。只要認眞尋找眞正的貴人，盡全力建立起關係，就會產生「想爲這個人做點什麼」的心情，實際付諸行動。

工作性質可能多少有點不同，但在思維上，應該有些地方是共通的不是嗎？先來思考一下，什麼是「貴人」。

【自己需要的貴人】

①**身心強健的人**。

相當健康，言行舉止沉著冷靜，說話不會充滿過多的不安和不滿，不說做不到的事和空話，講話實際的人。

②**重禮節的人**。

與人相處時，能留意自己的言行，好好看著別人的眼睛說話。可以辨別出一個人誠不誠實，而且能把對方治得服服貼貼的。

③**金錢概念很實際的人**。

金錢概念腳踏實地，並非執著於金錢不可減少，而是經常理性地思考這樣做浪不浪費，懂生財之道的人。

擔負著管理的責任，能夠分析價值之後，再運用金錢的人。

針對收入面，制定出具體的職涯規畫，付諸實行很重要；同樣的道理，辨別自己需要什麼樣的貴人，然後讓言行舉止能夠取得對方的信賴，從長遠的眼光來看，可以說是非常值得去做的投資。

對你來說，你需要什麼樣的貴人呢？

把你需要的貴人寫出來看看。

如果你的言行舉止接近所需要的貴人，或是已經幾乎一模一樣的話，很有機會能跟想認識的貴人相遇，或是讓彼此之間的關係發生改變。爲什麼呢？因爲我們會對跟自己有相同言行舉止的人產生好感，這就是所謂「一致性確認」的心理現象。

誠摯的言行，能夠在今後爲你帶來更多不同的機會！

線上交談時的表達能力

二〇一九年至二〇二〇年，由保險公司和金融機構等團體所實施的「日本中小學生未來志向調查」中，「YouTuber」名列前十名當中。

有些人可能認爲 YouTuber 是個可以輕鬆賺錢的工作，但實際上，只有極少數人能夠以 YouTuber 維生。

也有數據顯示，以廣告收入維生的 YouTuber，有九六．五％的人平均收入低於美國的貧困線。

在家裡製作巨大布丁並吃完、花三十萬元買零食、在家穿著居家服把頭髮染成粉紅色，應該有很多人看到這些影片觀看次數超過好幾萬，追蹤人數有好幾萬到一百萬人，就心想「拍這種影片很簡單，我也會」，而實際模仿或是嘗試更誇張的題材。

然而，通往以拍 YouTube 影片維生的路上，充滿著荊棘。

不是只有拍誇張影片的YouTuber，也有很多影片以淺顯易懂的方式，傳遞知識和資訊。大家對YouTuber的印象，很容易停留在「輕鬆賺大錢」「只要稍微下點工夫，錢財就滾滾入袋」，但拍攝影片的作業其實相當繁瑣細微，影片的編輯也很花時間和勞力。

如果你的家人中有人說「我想成爲YouTuber」，你會怎麼反應呢？

如果是我，我會建議他多多磨練創意和表達能力。

日本在二〇二〇年三月，首次發布新型冠狀肺炎感染管制措施，籲請民眾外出自律。（編按：台灣也於二〇二一年五月中發布三級警戒，呼籲民眾非必要不外出。）

雖然也要看行業，但在那之後，企業都盡可能地改成居家辦公，越來越多的會議都利用線上視訊會議軟體，改成線上會議。

不僅限於企業，學校也都運用e化線上學習平臺教學，中小學校也都很自然地陸續導入線上學習系統。

在許多職場和教育現場，都可以看到數位化和ＡＩ的應用，提升溝通效率的腳步也正加快當中。

但無論是居家辦公，還是剛才的 YouTuber，即使傳達意見的工具數位化了，該怎麼把自己的想法傳達給對方，這個根本基礎其實並沒有改變。

我認爲，**每當工具的便捷度和效率提升時，表達能力的重要性就越來越顯著**。

線上交談在未來只會越來越多，因此，接下來想爲各位介紹，七個線上交談時應留意的重點。

【線上交談時應徹底落實的重點】

①**講話咬字清楚**。

使用數位工具對話時，聲音聽起來彷彿被過濾了一遍，因此嘴巴要比直接見面時打得更開（約一．二到一．五倍大），一字一句咬字發音清晰。這樣講起話來，速度才不會太快，可以聽得更清楚。

②**停頓一秒再繼續說話**。

有時也會遇到網路連線不穩定，導致聲音斷斷續續的狀況，所以講話不要一句接著一句，而是「早安，今天也麻煩您了」，講完一句話之後，停頓個一秒再繼續。

③**在十五秒內說完一件事情**。

有時可能會遇到話講到一半中斷的情況，為了在網路連線恢復後，能夠快速拉回正題，一次說一件事情，每件事大概抓在十五秒以內。

④**讓話題銜接更流暢**。

提出自己的意見之後，「〇〇你覺得怎麼樣？」，點出具體人名並提問，明確表示自己的話說完了。

如果很難點出特定對象的名字時，就在講完之後，「……以上是我的想法。」表示自己講完了。

或是，「……以上，有沒有人要補充的？」把話題丟給參與者全員。

⑤**運用手勢創造豐富的肢體動作**。

在畫面顯示的範圍內，多運用手勢，可以增加說服力。

⑥**誇大表情**。

聆聽別人說話點頭表示同意時，要比平常的幅度加大三到五公分，動作要慢且大。另外，把下巴往內縮三公分，可以讓眼神看起來更有精神。除了嚴肅的話題之外，其他時候都保持嘴角上揚三公分，露齒笑的時候，可以清楚看見前排六到八顆牙齒。

臉朝下看畫面時，眼睛看起來會很小，或是變成由上往下俯視，所以也別忘了要不時看鏡頭。把電腦或平板墊高，例如：在下頭放幾本書，可以解決臉或視線朝下的問題。

⑦**選個簡單樸素的背景**。

只要去除容易分散注意力的背景元素，例如：會發光的東西、會動的東西、有圖案或文字的東西等，就可以讓參與者把注意力放在你身上。爲了讓參與者能夠集中注意力，應選擇後方爲近白色的牆壁或物品前方作爲背景。如果後頭是書櫃，有些人可能會被書的標題吸引，所以盡可能不要讓房間裡的物品出現在畫面裡。

言簡意賅地表達，也是尊重彼此的時間，如果還沒做到這點，請務必將之列爲你的目標。

無論是什麼樣的工具，只要站在對方的立場下點工夫，就可以讓工具的功能發揮到最大。

溝通就是投資

你有做什麼投資來增加資產嗎？

我不是投資專家，但我知道投資的基本概念就是，思考風險和回報。

比方說，投資股票的專家常說，股票是中長期的投資。

我也認爲，溝通是中長期投資。

因爲當我們想跟某個特定人物拉近距離，希望取得他們的信任時，意涵和好意在溝通過程中持續累積後，便能獲得與對方建立良好關係的回報。

這個溝通回報——良好關係，是有分等級的。

例如：「夥伴等級」「可以單獨兩人碰面等級」「熟人等級」，以及很可惜的，對方對你沒興趣，你們之間的關係到此結束的「沒有回報」，這種情況也很有可能發生，所以不必太過沮喪。

雖然有時選擇放棄也很重要，但溝通是中長期投資，所以對方一次兩次表示對自己沒興趣也沒關係，因爲換個時間點和表達方式，增加或減少來往的頻率，能夠做各種嘗試。

不必追求要馬上從目標對象身上得到很多回報，「打招呼時，對方笑著回應」「站著講了一分鐘」「記得我的名字了」等回報的日積月累，就是與對方建立關係的一大步。

因爲看似平凡的打招呼或是一個小小的貼心舉動（例如，有人幫忙開門，一點小事也不忘記道謝；在遠處跟人對到眼時微笑點頭等），最後可能會爲你帶來跟想要接觸的人深聊，或是認識關鍵人物的機會。

認爲建立人際關係跟投資是一樣的人（站在對方的立場，用心對待他人），能夠從「貴人」和「想跟他多聊聊的人」那裡得到回報（信賴）。

你還能獲得彼此打從心底感到開心的時光、愉快的對話，以及讓生活更自在舒適的資訊和刺激。

你是否已經發現了呢？信賴用錢也買不到，而增加貴人對你的信賴，能爲我們的生活帶來非常優渥的股利。

不過，有別於實際投資金融商品所得到數字上的回報，投資溝通可以得到的回報，是以人的情感爲主體，因此若不誠摯地接納，延續彼此的關係，很容易就失去信任，必須小心謹慎。

日常生活中再平凡不過的工作，也可能會在未來帶來意想不到的回報。

比方說，我家附近的超市有位二十多歲的女收銀員，每天總是笑容滿面，既有禮貌、手腳又俐落，總是用溫暖人心的方式跟人打招呼。

就連常去那間超市買東西的朋友，聊天時也會提到她：「那個店員給人的感覺很好。」

雖然只是聽聞，聽說有一家人很欣賞她的工作態度，希望以收銀員兩倍的薪水，雇用她來幫忙照顧家裡的小孩。

結果她因爲生小孩的關係留職停薪，沒有答應保母的工作機會，但聽說她對自己的工作表現獲得了高度評價感到非常開心。

她的故事告訴我們，日常生活中小小的體貼，長久累積下來，能夠獲得豐厚的回報。

像這樣，所謂認眞地投資溝通，並不是把眼前的人全部一概而論爲工作上的往來對象，而是隨時保持敬意，禮數周到地對待每一個人。

如此一來，無論是誰，意料之外的好運都有機會悄悄降臨。

而且，也有研究發現，微笑時表情肌的牽動，能夠喚起正面的情緒；由此可知，笑容可掬、使用正向語言、良好的態度和舉止對溝通的重要性。

想想生命中重要的人，現在馬上就認眞啓動投資溝通的計畫吧！

後記

用禮貌溫暖世界

謝謝你從頭到尾讀完了這本書。

如果藉由本書，你能找出「失禮言行」的眞面目，並獲得一些「眞正的禮儀素養」的寶物，我也與有榮焉。

將過去的言行舉止習慣增增減減，禮儀素養一定能夠再往上提升。希望你跟想建立良好關係的對象，能產生美好的變化。

本書有些故事你可能會覺得一點也不失禮。請依據自己的道德標準，試著讓你對沒禮貌的言行和人生的想法變得更加簡潔扼要。

在撰寫本書的過程，就像是回顧著每天失禮的言行。

我有沒有傷害到人？有沒有人因此而感到沮喪？思考這些問題，都是重新審視自己的言行、態度、禮儀的大好機會。

關於禮貌，還有一個重點就是，不要要求別人達到自己的標準。

說來眞不好意思，我有時的確會希望付出能獲得回報，「我幫後面的人開了門，對方卻沒點頭致意，眞是的。」

從客觀的角度來看，對方沒有拜託我幫他開門，是我擅自那樣做的，而且對他來說，對方搞不好根本不需要我幫忙。

所以，在期望對方向自己表達謝意的當下，就偏離了禮儀的根本，這點我一直謹記在心。因爲依據禮儀原則的所作所爲，在自己心中覺得「還好有意識到」是有意義的。

今後我們可能仍然必須與新冠病毒共存，但我相信，我們的言行舉止能爲彼此創造出更安心、更能感受到幸福的環境。

希望你能以聲音或文字，對重要的人傳達「謝謝你願意和我在一起」「和你在一起很高興」「你眞是搞笑天才」，不斷地累積美好的時光。

最後，我想在這裡，向閱讀本書的讀者，銷售本書的夥伴，溫柔地支持著我的每一個人，編輯、設計、校對、業務等一起製作本書的諸位，以及總是給我活下去動力的家人，致上最高的謝意。

圓神出版事業機構 方智出版社 Fine Press
www.booklife.com.tw reader@mail.eurasian.com.tw
生涯智庫 195

母湯喔！說話得罪人，你卻不知道

作　　者／吉原珠央
譯　　者／謝敏怡
發 行 人／簡志忠
出 版 者／方智出版社股份有限公司
地　　址／臺北市南京東路四段50號6樓之1
電　　話／（02）2579-6600・2579-8800・2570-3939
傳　　真／（02）2579-0338・2577-3220・2570-3636
總 編 輯／陳秋月
副總編輯／賴良珠
主　　編／黃淑雲
責任編輯／胡靜佳
校　　對／胡靜佳・陳孟君
美術編輯／林韋伶
行銷企畫／陳禹伶・王莉莉
印務統籌／劉鳳剛・高榮祥
監　　印／高榮祥
排　　版／杜易蓉
經 銷 商／叩應股份有限公司
郵撥帳號／18707239
法律顧問／圓神出版事業機構法律顧問　蕭雄淋律師
印　　刷／祥峰印刷廠
2021年8月　初版

「その言い方は『失礼』です！」（吉原珠央）
SONOIIKATAWA「SITSUREI」DESU！

定價290元　ISBN 978-986-175-616-5

一對一的爭辯對我來說，就是漏洞百出。
因為只要被抓住一個把柄，對方就會不斷攻擊。
而人只要不斷受到攻擊，就容易出錯。

——《罵不還口，你傻呀？：這樣反擊，遠離被酸、打臉、嗆爆的心塞人生》

國家圖書館出版品預行編目資料

母湯喔！說話得罪人，你卻不知道／吉原珠央 著；謝敏怡 譯.
-- 初版. -- 臺北市：方智出版社股份有限公司，2021.08
208面；14.8×20.8公分 --（生涯智庫；195）
譯自：その言い方は『失礼』です！
ISBN 978-986-175-616-5（平裝）

1. 說話藝術　2. 人際關係

192.32　　110009504